MES CONFIDENCES

SUIVIES DE

CONSEILS FAMILIERS

DONNÉS

Par un Père a ses Enfants

Auteur : Lucien DELHAYE, de Bavay,
Officier d'Académie,
Membre de la Société Archéologique de Mons,
Membre correspondant de la Société des Sciences de Douai.

VALENCIENNES
IMPRIMERIE G. GIARD ET A. SEULIN, RUE DE HESQUES, 1.

1876

A MA FAMILLE

Je lui dédie *mes Confidences*, ces souvenirs heureux de ma vie, comme témoignage bien sincère de la plus tendre affection.

L. DELHAYE.

MES
CONFIDENCES

SUIVIES DE

CONSEILS FAMILIERS

DONNÉS

PAR UN PÈRE A SES ENFANTS

Auteur : Lucien DELHAYE, de Bavay,

Officier d'Académie,
Membre de la Société Archéologique de Mons,
Membre correspondant de la Société des Sciences de Douai.

VALENCIENNES

IMPRIMERIE G. GIARD ET A. SEULIN, RUE DE HESQUES, 1.

1876

PREMIÈRE PARTIE

MES CONFIDENCES

> J'ai toujours pensé qu'il pouvait être utile et salutaire pour soi-même, et à un moment donné, de publier ses mémoires et de retracer consciencieusement les différents évènements de sa vie.
>
> Si ces évènements sont quelque peu le produit de bonnes et vertueuses tendances, on est forcé, pendant le reste de son existence et pour rester fidèle à ses écrits, de continuer à suivre une même règle de conduite ; si, au contraire, l'on a à se reprocher certains oublis de ses devoirs, on est tout naturellement amené à s'en corriger.
>
> Tout autre peut aussi y trouver son profit.
>
> L. D.

De ma Prairie, 14 mai 1867 (Sainte Aglaé).

On ne doit jamais se plaindre de son sort.

Notre soumission envers Dieu doit nous porter à accepter la condition qu'il nous a départie, à souffrir patiemment les contrariétés et même les adversités qui peuvent nous frapper, à attendre enfin, avec résignation dans les épreuves, avec reconnaissance dans la prospérité, la nouvelle et suprême destinée que la Justice Divine nous réserve dans l'autre monde ; oh ! oui, l'on doit toujours, et dans toutes les circonstances, dire du fond du cœur : *Mon Dieu, que votre volonté soit faite !*

Cette volonté, jusqu'à ce jour et en ne considérant que les choses terrestres, m'a-t-elle été défavorable ? Non, je n'ai que des remerciements à adresser au Ciel pour les bienfaits qu'ils m'a constamment accordés, pendant mes soixante premières années, et qu'il daignera me continuer, j'en ai la douce espérance.

Tout jusqu'ici a concouru à rendre ma position aussi heureuse que possible.

Mes père et mère faisaient partie de la petite bourgeoisie ; c'étaient d'honnêtes gens et ils avaient pour mon avenir les plus tendres soins ; sachant qu'ils laisseraient à leur fils unique une bien modeste aisance, ils ont tenu à me procurer une instruction qui me mit à même de monter quelques dégrés de l'échelle sociale.

J'ai débuté sous un maître, M. Bleunar, pour qui je conserverai toujours un souvenir reconnaissant et respectueux et dont les sages conseils ont imprimé à mon caractère une direction de régularité et de bonne conduite que je n'ai jamais, que je sache, altérée ; ses préceptes, marqués au coin du bon sens et empreints de parfum religieux, ont frappé ma jeune intelligence et m'ont toujours été d'un grand secours.

Mes études ne pouvaient pas cependant se compléter sous cet excellent maître ; aussi mes parents n'ont-ils pas balancé, malgré une perspective de dépenses relativement élevées, à m'envoyer acquérir au collége de Valenciennes une instruction propre à pouvoir aborder une profession libérale quelconque ; reconnaissant de ce sacrifice qu'ils s'imposaient avec une si généreuse tendresse, je me suis mis à l'œuvre avec ardeur; et mon père, joyeux de mes progrès et entrevoyant ainsi la possibilité d'atteindre le but de ses desseins, n'a plus eu de relâche qu'il ne m'eut fait recevoir par M. Cagnon, notaire, au nombre de ses clercs ; j'arrivais précédé de bonnes notes, et je fus accueilli par mon patron avec bienveillance.

Ai-je à me plaindre jusqu'ici en quoi que ce soit ?

Enfant, mes parents concentraient sur moi toute leur affection après la perte de mes deux jeunes sœurs en 1810 ; plus tard, écolier et collégien, j'étais aimé de mes professeurs que je cherchais toutefois à satisfaire par mon assiduité et l'énergie toujours soutenue de mon travail ; aussi ai-je obtenu des succès dont j'étais heureux, en pensant au bonheur qu'ils causeraient à mes père et mère ; mes premiers pas étaient ainsi faits dans une bonne voie, et la Providence, me traitant déjà en enfant gâté, me promettait encore d'autres satisfactions.

Me voilà donc dans une étude de notaire, occupé de choses nouvelles, mais, il faut le dire, bien encouragé par mon patron et aidé des conseils affectueux de son fils, l'homme le plus doux, le plus sympathique que j'ai jamais connu, mais à qui aussi je vouais une espèce de culte d'attachement et de respectueux dévouement ; j'ai pris goût bien vite pour ce nouveau genre d'occupations, et j'ai pu, après deux années de petite cléricature, et lorsque je devenais nécessaire après la mort de M. Arsène Cagnon fils, sur qui son père, alors âgé de soixante ans, se reposait presqu'entièrement, j'ai pu, dis-je, remplacer ce bon et affectueux compagnon de travail et suffire, par mon exactitude et des soins continus, aux nécessités de l'étude ; je dis des soins continus, car, dès ce moment, je cessai de prendre part aux plaisirs et distractions, d'ailleurs toujours sages et raisonnables, de mes jeunes camarades, et me livrai exclusivement à la besogne du notariat.

Le vœu de mon père se trouvait donc ainsi, et à sa grande satisfaction, exaucé ; et la perspective d'utiliser mes études, toutes modestes qu'elles fussent, s'offrait pour moi à l'horizon ; la pensée d'être un jour titulaire d'un office n'était pas encore fixée, d'une manière précise, dans mon esprit, mais un grand pas était fait et sa carrière m'était ouverte.

Sous la Charmille de ma Prairie, 1ᵉʳ juin 1867.

Faisons ici un pas en arrière, et jetons un coup d'œil sur les différentes phases de mes vingt premières années.

N'étant pas né bien robuste et étant, d'autre part, doué d'un caractère doux et timide, ma première jeunesse n'a pas été turbulente ; j'étais soumis, observant exactement les traditions du bon vieux temps, demandant chaque soir, avant de me coucher, la bénédiction de mes père et mère, et ce, jusqu'à l'âge de quatorze ans, époque de mon entrée au collége (1819).

J'étais obéissant, très économe des quelques pièces de monnaie qu'on me donnait soit à l'époque des étrennes, soit au temps des ducasses ; j'étais assez soigneux de tout ce qui me concernait, me laissant bien rarement entrainer à commettre quelques petites escapades, communes aux jeunes élèves, retenu que j'étais par la crainte d'avoir à dévoiler ces petits écarts dans mes confessions ; oh ! je le le reconnais bien sincèrement, la confession est un frein et une garantie contre le mal, pour les natures toutefois qui n'ont pas le parti-pris de l'incorrigibilité ; la confession m'a donc retenu dans le devoir, mais un ami, que je m'étais fait et que je pouvais vraiment qualifier de ce nom, F. Ravaux, actuellement chanoine honoraire et doyen-curé d'Haubourdin, beau-frère d'Adolphe Wauters, un autre bon camarade d'enfance, a été aussi pour quelque chose dans la régularité de ma vie de jeune homme et de collégien ; il avait sur moi une espèce d'empire et d'autorité morale ; j'aurais craint, en faisant mal, de lui déplaire, d'attirer ses reproches, et je ne voulais pas ou plutôt je n'aurais pas osé lui en donner l'occasion.

C'est bien précieux de posséder un bon ami, surtout un ami vertueux; c'est un point des plus essentiels et dont les pères et mères devraient bien s'occuper sérieusement, comme d'une chose qui peut produire chez leurs enfants les meilleurs ou les plus funestes résultats, selon que ces derniers auront, pendant l'absence du toit paternel, placé leur intime confiance en de sages ou pernicieux compagnons.

Il va s'en dire que j'ai toujours été scrupuleux à remplir exactement mes devoirs religieux, consciencieusement et de bonne façon, même au milieu du relâchement et de la déplorable émancipation de la jeunesse des écoles, pendant le temps de mes études à Valenciennes.

J'arrivais donc chez M. Cagnon, pur de tout égarement, et j'abordais, dans ces conditions, l'âge des passions et mon entrée dans le monde ; heureux de rencontrer, si pas l'ami Ravaux qui inclinait vers la carrière ecclésiastique et que je reverrais rarement à mes côtés, mais, dans mon patron et son fils, des personnes bienveillantes et bien élevées, dont le contact me retiendrait encore dans la bonne voie, vers laquelle d'ailleurs tendaient mes aspirations naturelles.

Constatons donc que tout m'a souri jusque-là ; que si ma vie a été régulière et heureuse, je dois cet état de choses à la bonté Divine, à l'influence bienfaisante de quelques amis d'enfance, aux bons conseils de mes parents et de mes maîtres, et un peu sans doute à mon organisation.

Sous ma Charmille, 5 juin 1867.

Je l'ai dit ; je me livrai, sans interruption et sans distractions étrangères, à la besogne de l'étude de notaire dont je me suis trouvé être le premier clerc, à la mort de M. Arsène Cagnon (26 décembre 1825, jour où s'accomplissait ma 20me année) ; je cherchai à prouver à mon patron, par une exactitude exemplaire et par un travail plus qu'ordinaire, que je pouvais lui suffire et le dispenser, en remplissant de mon mieux le vide fait par la perte de son fils, de reprendre, vu son besoin bien légitime de repos, la direction continue des affaires ; je sus si bien me multiplier que, seul, je parvins à satisfaire à toutes les nécessités, m'occupant même des expéditions, de toutes les courses, de tous les déplacements, des nombreuses ventes de mobiliers et récoltes, auxquelles il fallait procéder dans les campagnes, dans les bois, etc., etc.

Il faut dire cependant que je n'avais pas à prendre soin de la caisse ; Mademoiselle Cagnon qui, deux ans après la mort de son frère, est devenue ma femme, se chargeait de la partie financière de l'étude, dont je lui communiquais et fournissais chaque jour tous les éléments et les détails ; c'est ainsi que, pendant ces deux années, se trouvant un peu associée à mes travaux, Mademoiselle Cagnon s'est habituée à ma compagnie dont elle a bien voulu assurer la permanence par une union qui fut encore pour moi un bienfait que Dieu me réservait.

Ce n'est pas à dire que Mademoiselle Cagnon, appartenant à une famille très-considérée, et ayant tout pour attirer, grâces, jeunesse, belle intelligence et éducation soignée, n'ait pas vu arriver des prétendants à sa main, prétendants réunissant ostensiblement des conditions sociales et de convenance dignes d'elles ; mais ils étaient étrangers à sa résidence, de principes et de caractère peu connus ; d'un autre côté, Mademoiselle Cagnon, fille unique et déjà maitresse de maison depuis plusieurs années, n'était pas dans la position de ces jeunes personnes qui, encore mineures et empressées de s'affranchir de la tutelle paternelle et de leur état de dépendance au sein d'une famille nombreuse, se jettent pour ainsi dire à la tête du premier venu ; Mademoiselle Cagnon aussi, par son âge et sa situation personnelle, avait l'avantage inappréciable de pouvoir se livrer à de sérieuses réflexions sans craindre un célibat trop prolongé ; elle avait donc pu apprécier, à son aise, mon caractère doux et modeste, se rendre compte de mon aptitude aux affaires dont son père l'entretenait sans doute quelquefois ; Mademoiselle Cagnon enfin avait cru être assurée de pouvoir, avec moi, conserver son père auprès d'elle, ce qui eut été difficile ou au moins incertain avec un étranger, nouveau venu, qui sait rarement se plier aux habitudes d'un vieillard beau-père, avec lequel il n'a jamais eu de rapports suivis et affectueux ; aussi a-t-elle consenti, du plein gré de son père, à m'accorder sa main, et, à me donner ainsi la certitude de posséder comme titulaire, l'étude de notaire.

Je n'avais alors que vingt-deux ans, et quoiqu'âgé de trois ans de moins que Mademoiselle Aglaé, j'étais préféré à bien d'autres ; c'est donc à ma bonne étoile et peut-être, comme je l'ai dit, à la perspective assurée d'une vie commune à trois, que je dus cette signalée faveur, à laquelle je ne me croyais, ni par mon âge, ni par ma position sociale, en droit d'aspirer ; et cela est si vrai que si, pendant les vingt mois qui ont suivi la mort de M. Arsène, Mademoiselle Cagnon avait fait choix d'un autre époux, j'aurais assisté à ses noces, sans penser seulement que j'eusse pu devenir l'heureux possesseur d'une aussi charmante épousée.

Je crois ne devoir étendre qu'à vingt mois après la mort de M. Arsène, le temps pendant lequel je n'ai jamais deviné l'intérêt que Mademoiselle Aglaé portait à ma personne ; je me suis toutefois bien rappelé depuis que, déjà vers le milieu de 1827, j'étais entouré de plus d'attentions ; que M. Cagnon même, qui avait remarqué le parti-pris chez sa fille de refuser tous ceux qui se présentaient pour elle, m'accordait de plus grands témoignages d'attachement et d'amitié ; je me suis bien rappelé que Mademoiselle Aglaé avait accueilli, avec un plaisir bien marqué, une petite pièce de vers que j'avais composée pour sa fête, (1) sans autre intention que de lui rendre un hommage, désintéressé bien entendu ; eh bien, rien de tous ces heureux pronostics ne m'avait fait comprendre la possibilité d'un aussi fortuné avenir ; je le répète donc, la Providence se chargeait encore de ma destinée, et cette destinée continuait à s'accomplir dans les meilleures conditions, sans peine, sans efforts de ma part ; je ne cherchais pas la fortune, elle venait à moi, accompagnée de ce qui pouvait la rendre la plus agréable, la plus complète, la plus désirable.

---

(1) A *Mademoiselle* LOUISE-ISABELLE-AGLAÉ CAGNON,
à *l'occasion de sa fête : 25 août 1827.*

Digne héritière des vertus
Que possèda la meilleure des mères,
C'est surtout en ce jour que, tendrement reçus
Tes vœux lui promettaient des destins plus prospères (*) ;
Oui, c'est en ce jour
Que de ton amour,
Tu lui donnais de bien doux témoignages ;
En ce jour viens aussi recevoir nos hommages ;
Nous retrouvons en toi les mêmes ornements :
Ton amabilité remplace sa tendresse,
Ta vigueur d'esprit, ses talents
Et ta gravité, sa sagesse ;
Comme elle tu sais commander
Ce respect qui n'est dû qu'au plus parfait mérite.
Comme elle des vertus tu te rends favorite,
Comme elle en tout tu te fais admirer.
Accueille et reçois nos hommages,
Aglaé ! que le ciel, souriant à nos vœux,
Se plaise à t'accorder longtemps des jours heureux,
Des jours sereins et sans nuages !

L. DELHAYE.

(*) Madame Cagnon est décédée à l'âge de 46 ans.

De ma Prairie, 19 juin 1867.

Quoique je sois arrivé, dans ce récit, à l'époque de mon mariage, disons cependant quelques mots des trois ou quatre mois qui l'ont précédé.

M. Cagnon désirait vivement que sa fille contractât une union qui fut pour lui une cause de sécurité, en cas de mort prématurée ; il ne pouvait se faire à l'idée de laisser son Aglaé seule, et de ne pas s'être donné un successeur ; il la conjurait donc de se décider à prendre une résolution à ce sujet.

Mademoiselle Cagnon avait toujours ajourné sa décision, mais pressée de nouveau et lorsqu'il fallait enfin répondre à plusieurs propositions de mariage qui la concernaient, elle finit par avouer tout bonnement à son père, qui en avait sans doute le pressentiment, que, tout bien pesé et considéré, elle ne voulait pas jouer à la loterie, courir les chances d'un avenir incertain, ni prendre pour époux un homme dont le caractère, la conduite et les principes ne lui seraient pas parfaitement connus ; qu'il lui était facile de trouver, auprès d'eux, quelqu'un réunissant les qualités morales que son âge et son expérience lui permettaient d'apprécier et que M. Lucien Delhaye pourrait très-bien être ce quelqu'un dont elle serait charmée d'agréer les hommages.

M. Cagnon, qui connaissait mes antécédents, ma manière d'être, et qui savait dès lors que la vie commune à trois serait certainement des plus satisfaisantes ; M. Cagnon, qui savait aussi que sa fille, habituée depuis cinq ans, depuis la mort de sa mère, à diriger son ménage en toute liberté et sans contrôle, ne trouverait en moi ni un contradicteur méticuleux, ni un mari attaché, le moins du monde, aux prérogatives de l'autorité ; M. Cagnon, dis-je, ne balança pas à reconnaître la justesse et la convenance du raisonnement bien réfléchi de son Aglaé.

Tout cela se passait sans que j'en susse le premier mot et tout naturellement je devais être initié à l'affaire ; je le fus bien adroitement :

Mademoiselle Cagnon, assurée du très-bon vouloir de son père, après avoir effleuré, dans un moment de cordial abandon, quelques mots de l'entretien qu'elle avait eu avec lui, au sujet de sa répugnance à contracter certaine union qui pouvait être quelque peu chanceuse, et prenant pour prétexte que j'avais pour elle mille prévenances et que je me multipliais gratuitement pour être utile à ce cher et bien aimé père dans les travaux de l'étude, me dit un jour qu'elle ne savait comment me remercier de toutes ces attentions ; et, sur ma réponse que j'en étais assez récompensé par le plaisir que je ressentais à rendre ces légers services, elle ajouta, avec l'accent de l'inspiration la plus pure : " *Oh* " *non, M. Delhaye, je ne sais vraiment comment nous* " *acquitter envers vous; aussi.... si j'osais....* " Elle m'avance la main.... je la prends... nous nous regardons... nos cœurs s'entendent... et tout s'explique bientôt.

Oh ! le beau moment de ma vie !

Eh bien ! malgré le désir réciproque de consacrer de suite une union bien convenue et du goût de nos parents, ce n'est que plus de quinze jours après que, faisant violence à ma naïve timidité et sur l'avis, insinué officieusement par M. Cagnon à sa fille, que je pouvais en toute confiance prendre, auprès de lui, l'initiative des premières paroles, je m'armai un jour de courage et, lui prenant le bras, je me hasardai, dans un tête-à-tête, à lui dire : " *Il y a quelque temps, M. Cagnon, que je désire vous parler de....* " M. Cagnon ne me laissa pas aller plus loin, et me venant affectueusement en aide, il entra en matière, me dit toute sa satisfaction du choix de son Aglaé, toute la perspective de bonheur qu'il entrevoyait pour nous tous, etc., etc.

Et le 16 janvier 1828, après une visite de bienséance faite

par mes père et mère à ma future parenté, le prêtre bénissait le mariage de Lucien Delhaye et d'Aglaé Cagnon.

Que de bienfaits déjà répandus sur moi ! Qu'avais-je donc fait pour les mériter ! Oh ! mon Dieu ! permettez-moi de vous remercier du fond du cœur et de vous prier de reporter une partie de vos faveurs sur ma nouvelle famille !

Ce beau mariage, dont je n'eusse osé avoir la moindre pensée pendant presque tout le temps de ma cléricature, était un nouveau succès dont mes père et mère étaient bien heureux.

Beaucoup de jeunes gens rencontrent tant de difficultés pour se bien placer, pour trouver une compagne selon leurs désirs, et tout venait à moi avant l'âge et sans efforts !

Que ne vous dois-je pas, après Dieu, mon bon M. Cagnon et toi, chère et grave Aglaé ! *Vous avez eu confiance en moi, vous ne serez pas trompés, et, quoiqu'il arrive, je me consacre à vous ; mon attachement et toutes mes facultés vous sont assurés, d'abord par devoir, puis par affection, enfin par reconnaissance* ; tel a été le serment que je me suis fait alors dans le for intérieur et auquel j'ai été et serai toujours religieusement fidèle.

De ma Prairie, 24 juin 1827.

Le mariage apporte ordinairement dans les habitudes un changement sensible.

On vivait seul et dans un état voisin de l'insouciance, — la vie est maintenant commune à deux êtres qui partagent assez vivement les mêmes soucis, les mêmes peines, les mêmes plaisirs.

On était peu attaché aux biens de ce monde ; — l'intérêt de la famille, l'entretien d'un ménage donnent maintenant des préoccupations dont on était auparavant loin de ressentir le besoin et dont le but est une amélioration de position.

On était presque libre de ses actions ; — tout doit être maintenant réglé par mesure d'ordre et de satisfaction mutuelle.

L'argent suivait nonchalamment la direction que lui indiquait un cœur libre et généreux ; — en mariage, il faut compter et l'économie est de rigueur.

On a échangé des amis pour une compagne : des amis, qui souvent n'ont de reproches à vous faire que lorsque vous ne suivez pas l'entraînement de leurs passions mondaines ; pour une compagne qui, plus intéressée à votre bonheur, plus soucieuse de votre considération, saura, si elle est quelque peu intelligente et adroite, vous prémunir avec prudence contre les écueils que la société sème sur vos pas ; et, pour peu qu'elle prêche d'exemple, acquerra l'autorité d'un Mentor, et, sans en avoir l'air, exercera sur son mari une influence des plus salutaires.

Ces réflexions, applicables à beaucoup de jeunes mariés, l'ont été un peu moins pour moi, sur certains points ; car :

Quatre années déjà passées dans l'étude de M. Cagnon m'avaient habitué un peu à la communauté qui allait s'établir d'une manière permanente et définitive entre nous, et les intérêts de ma nouvelle famille ne m'étaient pas tout à fait étrangers.

L'emploi de mes journées devait être, à peu de choses près, le même, m'étant assis presque tous les jours, depuis trois mois, à la table de M. Cagnon.

D'un autre côté, je manquais d'occasion de dépenser avant mon mariage et ma nouvelle position me trouvait dès lors économe.

Enfin, mes bons et sympathiques amis de la veille, qui étaient aussi ceux de ma nouvelle famille, restaient, à ma grande satisfaction, mes amis du lendemain.

Je devais attendre de mon mariage les plus heureux résultats ; nous nous trouvions dans la situation de ceux qui, doués de bonnes intentions et susceptibles de judicieuses réflexions, joignent à des principes religieux et à des qualités du cœur, l'avantage d'un état de fortune, je ne dis pas brillant, qui, permettant de vivre sans travailler, amène presque toujours l'oisiveté et le désordre, mais un état voisin de l'aisance ; situation que l'on doit nécessairement améliorer pour pourvoir au besoin de sa famille et qu'on améliore inévitablement avec des goûts simples, de l'ordre et une sage prévoyance.

Marié, je devins un homme sérieux à l'âge de vingt-deux ans : sérieux dans les affaires pour lesquelles j'avais, je crois, une vraie vocation ; sérieux à l'endroit des mœurs ; jamais je n'ai fréquenté cafés ni cabarets ; jamais je n'ai été infidèle à mes serments ; j'ai été, et je suis heureux de pouvoir le dire à mon âge, l'homme du devoir ; mais il faut bien l'avouer aussi, je n'ai pas à m'en glorifier, car la nature a tout fait.

Comment n'aurai-je pas été heureux en ménage ? aussi je le fus et tout y contribua :

Première cause de bonheur

Ma Femme

De ma Prairie, 28 juin 1867.

Ma femme, qui m'a épousé par inclination, m'a toujours été cordialement attachée.

Pendant les vingt-cinq premières années de notre mariage, son affection pour moi se montra des plus tendres ; depuis elle fut plus intérieure qu'apparente, le fond, solidement établi, meilleur que la forme toujours un peu soucieuse ; et cette connaissance de ses sentiments intimes me suffisait.

Il faut que j'explique ici cette modification superficielle qui se produisit quelquefois dans ses tendresses pour moi.

Il est certain que ma femme n'avait aucun reproche tant soit peu sérieux à m'adresser ; mais de même que, dans tout tableau il doit nécessairement exister des endroits où l'ombre demande à se placer ; de même dans tout bon ménage, il est impossible que de petites froideurs, parfois désirables, ne se glissent pas de loin en loin ; eh bien, dans ces moments, ma femme, qui aurait volontiers trouvé un sujet de critique pour justifier à ses yeux ses idées quelque peu mélancoliques, a bien pu s'arrêter à certains griefs du genre de ceux-ci :

Premier Grief.

Ma femme pouvait très-bien ne pas être éloignée d'envier mon bonheur !

J'avoue que, dans ma position et à mon âge si peu distant de l'adolescence, j'avais à la vérité rencontré une de ces félicités que je n'aurais jamais dû espérer ; mais, manquant d'avantages réels à mettre dans le plateau de la balance opposé à celui que Mademoiselle Aglaé remplissait de tous ses trésors physiques et moraux, j'ai toujours cherché à lui rendre, avec usure, toute l'affection qu'elle m'avait montrée en m'épousant, à lui consacrer tous mes instants, sans rechercher d'autres distractions ; à lui assurer enfin, par le serment que je m'étais fait à moi-même et quoiqu'il arrive, un attachement sans bornes et à la vie, attachement qui n'a jamais reçu d'atteinte, même dans ses moments de légers refroidissements ; d'ailleurs ces rares refroidissements, tout à la surface, devaient naturellement se manifester momentanément, et voici pourquoi :

Ma femme, maîtresse de ses volontés avant son mariage et ayant, depuis lors, pu jouir longtemps de cette pleine liberté d'action, sans rencontrer à chaque instant, sur ses pas et à la traverse, un mari, qui, de son côté d'ailleurs, avait des occupations distinctes et de tous les moments; ma femme, dis-je, qui n'a jamais rien perdu de son activité, propre à lui faciliter l'exercice de tous les besoins du ménage et la haute direction de tous les travaux d'entretien de maison, de jardinage, etc., s'est trouveé, à la cessation de mes fonctions notariales, en la présence presque constante d'un époux désœuvré et paraissant vouloir demander sa place au foyer ; place assidue, qui devenait pour elle quelque chose de monotone ; de là : de petites impatiences quelquefois réciproques, de petits froissements, des gronderies que je cherchais à détourner par quelques taquineries anodines, enfin des discussions puériles en forme de passe-temps ; ma femme encore, qui avait pris l'habitude de certaine maîtrise en se faisant l'institutrice de ses enfants et petits-enfants, avait naturellement des tendances à tout diriger, dont tout autre aurait pu être contrarié ; mais je le répète, en présence de ces mouvements irréfléchis et sans importance aucune, je n'ai jamais retranché pour ma femme aucune parcelle de mes affections ; et le bonheur dont j'ai constamment joui en ménage, a été aussi parfait, aussi complet qu'on peut le désirer, toutes mes actions, bien entendu, tendant aussi à faire celui de mon Aglaé ; et, au fait, m'était-il permis de méconnaître les excellentes et estimables qualités de ma fidèle compagne, son sincère attachement à ma personne, ses soins de tous les moments à propos de ma santé et enfin la vigilance si éclairée qu'elle portait sur toutes choses ?

Deuxième Grief.

Ma femme aurait bien eu aussi la pensée de me reprocher, non de lui avoir été infidèle, mais de pouvoir le devenir ; de devenir, en cas de survivance de ma part, infidèle à sa mémoire.

Je réponds à cela que ma vie antérieure, pure de tout égarement de mœurs et d'infractions à mes serments, doit être une garantie pour l'avenir, surtout pour un avenir réservé maintenant aux infirmités et aux idées patriarcales.

Voilà ce qui a seul constitué, à de longs intervalles, l'ombre au tableau de notre intérieur, et il faut avouer que cette ombre, bien peu coloriée, n'a jamais été nuisible à une très-bonne et très-sympathique entente.

Je le confesse donc, j'ai été heureux en la compagnie de ma femme ; j'ai été aussi heureux des devoirs qu'elle a su remplir comme mère de famille.

De ma Prairie, 3 juillet 1867.

Dieu nous a accordé trois enfants bien constitués, et leur santé, laissée aux soins de leur mère, a toujours été florissante ; mais aussi de quelles sollicitudes n'étaient-ils pas entourés !

Le lait maternel ne leur a pas fait défaut, sauf pour notre fils que ma femme n'a pu allaiter, à son grand regret, à cause de son état de faiblesse survenu après sa troisième couche.

Arrivés à l'âge où l'éducation s'impose, c'est leur mère courageuse et dévouée, qui se charge de leur instruction et qui, au milieu de ses occupations domestiques, trouve le temps de les préparer à la première communion, de leur enseigner toutes les matières qu'on traite dans les écoles, et, en les retenant ainsi sous sa direction immédiate, sans jamais les abandonner, sait les garantir de tous les écueils qu'on rencontre trop souvent dans la société de compagnons ou compagnes trop libres de leurs mouvements.

Ma femme ne s'occupait pas seulement de leur éducation et de leur instruction, elle se chargeait encore du soin journalier de leurs personnes, en les coiffant et les habillant elle-même dès la première heure du jour.

Plus tard nos enfants entraient dans des pensions religieuses et rien n'était épargné, jusqu'à concurrence de trois mille francs annuellement pour chacun, afin de leur procurer et une instruction supérieure et des talents propres à les distraire suffisamment dans toutes localités où les appelleraient leurs destinées futures et qui ne leur offriraient que peu d'agréments de société.

Revenus de pension, nos enfants ont trouvé une amie dans leur mère, une bonne conseillère qui leur a toujours donné les avis les plus salutaires pour les amener à éviter toutes déceptions matrimoniales ; c'est encore ici un point des plus sérieux et dont ma femme s'est occupée outre mesure : sa vigilance bien réfléchie a été couronnée de succès, puisque les alliances contractées par nos trois enfants sont on ne peut plus convenables.

L'âge n'a pas ralenti l'ardeur maternelle de ma femme qui, à soixante ans, n'a pas craint d'entreprendre l'instruction de ses petites-filles, instruction que sa santé chancelante l'a seule forcée d'abandonner.

Ainsi la sollicitude de la mère de famille s'est affirmée chez ma femme au suprême degré, quelquefois avec exagération, mais toujours, il faut le reconnaître, avec le plus tendre dévouement et la plus louable volonté de bien faire.

Deuxième cause de bonheur

Mes Enfants.

De ma Prairie, 10 juillet 1867.

Le premier désir qu'on éprouve après son mariage, désir bien naturel, c'est de voir se former à ses côtés une jeune famille qui doit augmenter la somme de bonheur qu'on recherche en ce monde et répandre joies et consolations sur nos vieux jours : eh bien ! ce complément de satisfaction nous a été donné par la naissance de nos trois enfants : Anna, Aglaé et Hippolyte.

Quelle délicieuse jouissance de voir ces petits êtres, qui doivent perpétuer notre lignée, naître et grandir sous nos yeux, cimenter de plus en plus l'union de deux jeunes époux, nous envoyer leurs premiers sourires et bégayer pour premiers mots ceux de *papa et maman*.

Qu'une mère, appelée à nourrir de son lait ces petites créatures, est surtout heureuse et respire un parfum de félicité !

Nos enfants nés, je l'ai dit, avec bonne constitution, nous ont été conservés ; leurs jeunes années ont répandu le charme sur notre existence ; rien, dans leur conduite et leur caractère, n'a pu nous causer un sujet de crainte pour l'avenir ; leur éducation dans des maisons religieuses n'a fait que corroborer ces bonnes tendances ; leur intelligence s'y est sagement développée et ces chers enfants sont ainsi parvenus, en rendant notre intérieur des plus agréables et des plus enviables, à faciliter le couronnement de notre mission à leur égard, je veux parler du soin de leur établissement.

Oh ! c'est ici que, bien souvent, la barque qui, jusque là, a toujours passablement navigué, vient échouer au port ! Que les soucis paternels sont, dans ces occasions solennelles, nécessaires et excusables même dans leur exagération ! Que d'enfants, heureux sous l'égide d'un père et d'une mère, chargés de leur garde et de leur tutelle protectrice, se laissent entraîner vers une destinée nouvelle et de longue durée, sans réflexions aucunes et sans peser celles que des parents plus expérimentés savent si prudemment développer ! Que d'enfants qui, jusque là, avaient fait la joie de leur famille, anéantissent, par un mariage malheureux, précipité et contraire aux vœux paternels, des espérances qu'on se plaisait à croire fondées sur des bases inaltérables ; combien, soit par une vie peu réglée, soit sur des questions d'intérêts, soit pour autres causes, empoisonnent les derniers moments de ces pères et mères qui ne peuvent jamais devenir indifférents à leur sort et qui voient leurs beaux rêves détruits par une triste réalité !

Eh bien ! tous ces écueils, tous ces échecs, si communs dans le monde, à côté de nous, ne nous ont pas été réservés ; nos enfants ont, tous trois, contracté des alliances heureuses avec des familles honorables et très-considérées dans le pays : Famille de M. Gravis-Manesse, docteur-médecin à Bavay, Famille de M. Motte-Copie, propriétaire à Englefontaine, Famille de M. Pureur, ancien notaire à Condé ; oui, toutes ces alliances n'ont apporté aucun changement dans leur position antérieure, n'ont amené aucune modification dans leurs principes et leurs premières impressions de famille ; il y a plus, leur état de bien-être et de fortune, qui n'a fait que s'améliorer, a cela de particulier et de consolant, qu'il ne peut donner lieu, la somme d'aisance étant égale pour chacun, à la plus petite parcelle de jalousie ni d'envie de l'un envers l'autre.

Oh ! mon Dieu, que votre providence a toujours été large et abondante pour nous ! que de nouvelles actions de grâces à vous adresser ! que je suis heureux de vous remercier d'avoir permis à nos enfants d'associer leur sort à des personnes qui n'altèreront pas leur condition première, à des personnes qui continuent les traditions de notre famille et qui, par leurs bonnes intentions et leurs bons principes, mériteront d'être récompensés dans leur descendance !

Que mes enfants reçoivent ici l'expression bien tendre de ma reconnaissance pour l'affection qu'ils nous ont conservée et que nous leur rendons avec usure, ils le savent bien ; ils savent bien aussi l'estime et l'attachement cordial que je porte à ma belle-fille et à mes gendres, qui n'ont pas peu contribué à rendre nos années de retraite parfaitement pacifiques et pleines de cette consolante sécurité qui ne laisse aucun trouble dans l'esprit; oh, je le dis avec bonheur, il est bien doux pour nous, père et mère de famille, lorsque la mort peut à chaque instant frapper à nos portes, d'être entièrement rassurés sur le sort de notre postérité et de savoir que rien ne viendra rompre la parfaite harmonie qui règne au milieu de nous ; nos enfants, j'en ai la conviction, honoreront notre mémoire en continuant à rester unis et en donnant ainsi à leurs descendants l'exemple si rare de nos jours et si profitable à tous, de la concorde la plus solide et la mieux cimentée.

Troisième cause de bonheur

Mes Petits-Enfants.

De ma Prairie, 19 juillet 1867.

Je me rappelle très-bien que le Prêtre, qui a béni notre union, nous a souhaité de voir une troisième et même une quatrième génération ; nous en sommes à la deuxième (1) et je serais pénétré de nouvelle reconnaissance envers Dieu si, étant toujours en compagnie de ma femme, j'étais gratifié du beau cadeau qui nous a été promis et si les deux générations à venir devaient nous procurer les mêmes joies domestiques; c'est assez dire que, à de petites imperfections près, inévitables chez des enfants, nos trois petites filles(2), bien constitués et douées d'intelligence, ont augmenté nos jouissances, par l'attachement qu'elles ont

---

(1) A la troisième depuis 1873.
(2) Quatre depuis 1870.

pour leurs vieux parents et par les espérances qu'elles nous donnent.

Chers petits enfants, croissez en sagesse et en science et n'oubliez jamais ce que vous devez à Dieu et à vos père et mère ; je ne puis pas encore tracer ici vos portraits, sous le rapport intellectuel et moral, mais je me plais dans cette conviction que vous serez un jour la consolation de nous tous par votre sage conduite, par une pudique réserve, par une modestie exemplaire, par votre empressement à écouter et suivre les conseils paternels qui ne trompent jamais et par une entière soumission à la volonté de Dieu.

Quatrième cause de bonheur

Mon Beau-Père.

Un jeune homme qui se marie à vingt-deux ans, a nécessairement besoin d'un Mentor qui lui indique la voie la plus sûre à suivre en toutes choses, les écueils à éviter dans la vie, le tact à observer dans la conduite des affaires ; eh bien, ce Mentor, lorsque je cessais d'être sous les yeux de mes chers et si regrettés parents, je l'ai trouvé dans M. Cagnon, mon excellent beau-père.

M. Cagnon, mûri par l'expérience au milieu d'un siècle en mouvement, était plus à même que tout autre, de me diriger dans ma nouvelle carrière ; quoiqu'ayant un caractère prononcé, des facultés intellectuelles peu ordinaires, et quoiqu'il me fut supérieur en tout, il n'a jamais fait peser sur moi la moindre manifestation de sa valeur ; il m'a toujours ménagé, et ce qui le prouve d'une manière irréfutable, c'est que, vivant près de nous pendant de longues années, il n'a pas eu, une seule fois à mon égard, le plus petit mouvement d'impatience ; mais il faut dire que, de mon côté, reconnaissant de toutes ses bontés, de son bon vouloir à me recevoir comme membre de sa famille, de ses continuelles attentions à me témoigner ses affectueuses sympathies, je ne lui ai jamais donné, que je sache, l'occasion de regretter le choix que son Aglaé avait fait de ma personne comme époux ; j'ai cherché constamment à devancer ses désirs; aussi ai-je eu la satisfaction, je le dis avec un sentiment de fierté, qu'à son lit de mort, il m'ait adressé en me tenant les mains, ces douces et précieuses paroles : « *Mon cher Lucien, vous perdez en moi un bien bon ami.* »

J'ai passé vingt-cinq ans de ma vie avec mon beau-père, sans avoir eu avec lui la plus petite altercation, la plus légère discussion ; je lui ai toujours laissé le premier pas, la première place, le considérant avec le plus respectueux attachement comme le vénérable et le principal chef de notre famille.

Cinquième cause de bonheur

Mes Amis.

Je l'ai dit précédemment : Mes amis de la veille de mon mariage sont demeurés mes amis du lendemain, et je n'ai pas eu besoin d'en chercher d'autres ; outre quelques camarades de jeunesse dont l'attachement s'est perpétué jusqu'ici, j'ai trouvé de bons et vrais amis dans les personnes qui composaient la société intime de mon beau-père, personnes qui lui étaient attachées de cœur et qui m'ont continué leurs sympathies, entr'autres les familles Balicq et Mortier ; familles honorables dont les chefs ont cessé de vivre, mais dont les représentants veulent bien encore me gratifier des mêmes sentiments d'affection et de cordial intérêt ; ils savent bien que, de mon côté, je ne suis pas en faute de réciprocité ; j'ai été bien heureux, dans le cours de ma vie et surtout à mes débuts, de ces bonnes relations de confiance réciproque et de sociabilité.

Sixième cause de bonheur

Le Notariat.

Sous ma Charmille, 26 juillet 1867.

Chacun a sa vocation particulière et est appelé à remplir ici-bas une mission quelconque.

Mon caractère doux, serviable et conciliant était propre aux règlements des questions d'intérêts, était de nature à me gagner la confiance des familles et même des individus souvent rebelles au raisonnement et à tous sentiments d'accommodement, de justice et d'équité; mon aptitude aux mathématiques devait naturellement me douer d'une certaine précision dans les idées, d'une certaine dose de jugement ; ces heureuses dispositions me facilitaient donc l'exercice des fonctions notariales qui m'étaient destinées en épousant Mademoiselle Cagnon.

Je dirigeai l'étude de mon beau-père aussitôt après mon mariage et mis un certain amour-propre à maintenir et même accroître sa prospérité naissante, et j'y réussis au-delà de mes espérances, malgré l'opposition envieuse de plusieurs clients qui, jaloux de mes avantages, à la vérité étonnants, auraient volontiers découvert une occasion de rompre avec le nouveau marié ; quelques années ont suffi pour dissiper ces petits germes de désappointement, et lorsqu'à vingt-cinq ans, en 1831, je devins titulaire de l'office, j'étais en possession de la confiance non-seulement de ceux qui formaient la clientèle de M. Cagnon, mais encore de plusieurs familles qui recherchaient un homme d'affaires jeune, actif, abordable et obligeant.

J'eus dans la carrière du notariat de nouvelles chances de réussite, dues en partie aux circonstances ; l'un de mes confrères se retira en 1835 ; son successeur étranger à la localité, ne sut pas conserver d'abord tous ses clients et, lorsqu'en 1840, il crut devoir se retirer à son tour, son étude entra, pour ainsi dire, dans la mienne ; aussi, à partir de cette belle année 1840, pendant laquelle mon répertoire atteignit le chiffre de 909 actes, double de celui des actes réunis de mes deux confrères, je n'ai eu à me plaindre que de trop d'affaires qui dépassaient vraiment la proportion réservée à mes forces ; enchanté d'avoir rencontré, pour m'aider dans la besogne de mon bureau, un jeune homme de confiance, M. Joseph Lefebvre, bien dévoué à ma personne, à ma famille et à mes intérêts et que j'ai toujours considéré comme un ami sur lequel je pouvais compter en toutes circonstances.

Je suffisais réellement à tout, mais je sentais bien que, ne pouvant me résoudre à abandonner à personne la direction même secondaire de l'étude, le soin de la rédaction, de la correspondance, du règlement de toutes les transactions, je ne pourrais pas longtemps continuer une telle besogne ; j'étais, par suite de mes travaux multiples, assez faible de corps, atteint d'une espèce de gastrite et je commençais à m'apercevoir que j'avais besoin de ménagements et de précautions pour ma santé ; enfin, comprenant que l'heure de la retraite allait sonner, qu'une action molle et paresseuse pouvait devenir nuisible aux intérêts qui m'étaient confiés ; comptant d'ailleurs une trentaine d'années d'exercice, comme clerc dirigeant et comme notaire titulaire, et mesurant l'étendue des difficultés qui surviendraient, si je succombais, pourvu de ma charge que je ne voulais céder qu'à mon fils ou à un gendre, je me décidai à me retirer, plein de lassitude et de fatigue, ayant grand besoin de repos et ne me croyant plus capable d'exercer mon ministère avec le même succès et le même profit pour le prochain.

J'aurais bien désiré d'être remplacé par mon fils, mais il fallait attendre encore six années, et la crainte d'arriver bientôt à un état de complet épuisement, de négligence forcée des affaires, et de disparaître prématurément ou au moins d'abréger des jours que je croyais encore devoir être relativement utiles ; cette crainte, dis-je, m'a disposé, avec l'agrément de ma famille, à remettre en des mains capables, ces fonctions de notaire que j'avais remplies consciencieusement et avec tant de plaisir ; je n'ai pas été trompé dans mon attente, car mon gendre et successeur, Ernest Gravis, en continuant les traditions que je laissais, a su maintenir mon étude dans son état de prospérité morale et matérielle.

J'ai dit que j'avais exercé mes fonctons avec plaisir ; oui ! les affaires étaient vraiment mon élément favori ; j'avais naturellement de l'attrait et de la sympathie pour le travail, qui m'était d'ailleurs facile, et j'y trouvais aussi, ce qui n'était pas à dédaigner, une rémunération vraiment surprenante sur laquelle je n'avais jamais compté et dont j'étais parfois étonné.

Mon inclination pour la carrière notariale m'a rendu les débuts peu laborieux, les contre-temps de la profession, que j'ai toutefois rarement rencontrés, toujours supportables, et les difficultés de conciliation et de transactions entre les parties, assez faciles à surmonter et à aplanir.

Honoraires à part et au second plan, j'éprouvais de la joie à réussir dans mes opérations, à satisfaire mes clients, à rétablir l'accord dans les familles, accord souvent bien difficile au milieu des discussions d'intérêts ; ces discussions sont toujours ardues, brûlantes et exigent, de la part des tiers et des intermédiaires, la plus grande prudence, beaucoup de patience et le tact le plus judicieux ; eh bien ! j'ai rarement échoué et c'était pour mon existence une nouvelle source de bonheur ; aussi n'ai-je pas voulu quitter tout-à-fait la partie et me suis-je réservé le soin des recettes qui m'étaient confiées, afin d'entretenir encore quelques-unes de mes anciennes relations et de m'acheminer, sans brusquerie et par une agréable et salutaire transition, vers ces moments de repos et de méditations philosophiques que les années et l'approche d'un nouveau monde imposent à notre nature.

Septième cause de bonheur

Amélioration sans cesse progressive de ma situation pécuniaire

De ma Prairie, 12 août 1867.

La fortune ne procure pas essentiellement le bonheur ; cependant elle y mène bien un peu, humainement parlant, lorsqu'on en fait un bon usage.

Une modeste aisance est toutefois préférable à une grande richesse :

Ceux qui, par la perspective d'un riche héritage que leur assurent nos lois, ou qui, à peine arrivés à l'âge viril, se voient en possession d'une fortune excessive et surabondante, ceux-là ne connaissent pas le prix de l'argent, ne sentent pas la nécessité du travail et de l'épargne, prennent volontiers le parti de rester désœuvrés et finissent souvent, à travers une vie désordonnée et irréfléchie, par écorner, si pas engloutir ce que des parents, soucieux de l'avenir de leur postérité, ont su économiser, souvent en se privant des jouissances de ce monde ; les occasions sont si entraînantes, les adulations intéressées si séduisantes, la pente des plaisirs si glissante, que tout tend alors à aveugler les inexpérimentés et à les précipiter vers l'abîme dans lequel ils tombent en perdant biens, santé et considération publique.

Au contraire celui qui possède peu, c'est-à-dire pas assez pour pourvoir confortablement à ses besoins et à ceux de sa famille présente et future, pour peu qu'il ait une parcelle de raisonnement, se mettra bien vite à l'œuvre, dirigera sa maison avec d'autant plus d'ordre et de régularité que ses ressources seront moins abondantes, et parviendra, si pas à pouvoir doter richement ses enfants, au moins à leur procurer, avec de bons exemples et un germe d'honnête aisance, la possibilité de marcher modestement aussi et d'une manière assurée, vers un état de satisfaction et de bien-être suffisant pour occuper, avec honneur et contentement, leur place dans la société.

Je me trouvais dans ce dernier cas et je devais nécessairement, surtout pour permettre à ma chère compagne de conserver la position sociale que ses parents lui avaient faite, je devais penser à améliorer notre petite fortune ; je travaillai donc de tout cœur et le Ciel bénit encore mes efforts, non plus seulement dans l'ordre moral, mais aussi cette fois au point de vue matériel, et dans une telle mesure qu'il devenait prudent d'arrêter le cours de cette prospérité progressive, pour ne pas tomber dans les écueils qu'une fortune relativement élevée peut occasionner.

Je me trouvai à même d'assurer à mes enfants un avoir raisonnable, mais qui ne pouvait pas les dispenser de se livrer, à leur tour, à des occupations quelque peu productives ; et j'ai pu me dire en cédant mon étude : « *Ma femme et moi avons recueilli du patrimoine de nos pères et mères une valeur de deux cent mille francs environ ; abandonnons la valeur de tout cet héritage à nos enfants en les mariant et réservons-nous le montant de nos économies* » ; et, calcul fait, ces économies ont pu nous procurer, par la progression naturelle du prix des biens, un revenu plus que suffisant pour nos modestes besoins et même pour la réalisation de nos projets de voyage et la satisfaction de nos petites fantaisies ; un revenu enfin qui nous rend aussi fortunés que les plus riches du pays, puisqu'ils n'ont comme nous qu'un seul estomac à alimenter, qu'une même vie bien courte à parcourir et qu'ils ont presque toujours à supporter et à subir plus de soucis et de tribulations que nous.

Pouvais-je prétendre à un plus beau résultat ?

Pouvais-je d'un autre côté, en poursuivant notre sollicitude à l'égard de nos enfants, ne pas remercier le ciel et la bonté divine de leur avoir donné à tous des positions indépendantes et prospères, de les avoir fixés près de nous, dans la localité que nous habitons, et de leur avoir inculqué des principes d'ordre et d'économie, propres à maintenir leur belle situation ?

De ma Prairie, 20 août 1867.

On le voit, je n'ai pas à me plaindre des résultats pécuniaires de la profession que j'ai embrassée ; loin de là, ils ont dépassé toutes les espérances que j'avais pu fonder au début.

Pendant mes vingt-cinq années d'exercice du notariat comme clerc dirigeant (gendre de M. Cagnon) et comme titulaire de l'office, j'ai réuni de beaux bénéfices ; nous avons assez largement et confortablement vécu, n'épargnant rien pour l'agrément de notre famille, pour l'éducation de nos enfants et avons pu employer, après dots payées, une somme de deux cent mille francs et plus en acquisition de biens, doublés en ce moment de valeur.

Bénissons donc bien sincèrement la Providence qui nous a comblés, avec profusion, de ses faveurs.

Mais, me dira-t-on, vous n'avez donc jamais éprouvé de contrariétés ? Vous n'avez jamais rencontré sur votre passage le moindre obstacle à vos désirs ?

Oh, détrompez-vous, répondrai-je, sans avoir reçu de ces coups qui terrassent, j'ai quelquefois été effleuré de ces petits contre-temps qui viennent faire ombre au tableau, que j'ai toutefois facilement supportés, et à propos desquels j'ouvre un chapitre où je consignerai les :

Faits généraux et particuliers qui m'ont plus ou moins impressionné pendant le cours de ma vie.

Je ne mentionnerai que pour mémoire :

Les clients que j'ai perdus, rarement toutefois, pour avoir rempli à leur égard, contrairement à leurs exigences, les règles de la justice, de l'équité et de la délicatesse, soit dans les adjudications, en n'écoutant pas des propositions peu raisonnables, soit dans le règlement des affaires de famille, soit dans d'autres circonstances, en ne répondant pas à leurs désirs intéressés ; j'ai bien été privé de la confiance qu'ils m'avaient accordée tant que mon ministère ne contrariait pas leurs vues, mais loin d'être affligé de leur injustice, lorsque je me refusais à être l'instrument de leurs erreurs, j'en suis resté fier et m'en suis fait un titre de gloire.

Passant à d'autres faits plus accentués à mon égard, je signalerai particulièrement les suivants :

1^{ent}. Ayant posé ma candidature au conseil général en 1852, je n'ai obtenu que 800 suffrages environ sur 2100, et j'ai dès lors subi un échec qui a dû naturellement me causer une certaine impression de déplaisir ; mais ce mécompte n'a pas laissé de longues traces, mon acquiescement aux sollicitations qui m'ont été faites ayant été, je ne dirai pas forcé, mais peu chaleureux par suite de mon amour du repos et du peu d'inclination à aborder une nouvelle carrière dans laquelle je n'aurais pu faire usage de mon ancienne ardeur au travail ; je n'étais d'ailleurs pas propre à chauffer une élection et je l'ai prouvé en ne dépensant pas un centime en dehors des frais de ma circulaire et des bulletins de vote ; je me suis borné à adresser ce simple appel aux électeurs :

« Messieurs,

« La candidature au conseil général m'a été plusieurs fois
« offerte en 1851 et tout récemment encore, mais obéissant à
« mes goûts modestes, je n'avais pas cru devoir accepter.
« Les nombreux témoignages de confiance qui me sont
« aujourd'hui renouvelés avec une persistance qui m'honore,
« ne me permettent plus de refuser une mission que je n'aurais
« pas osé ambitionner et je me mets à votre disposition.
« Si je suis appelé à vous représenter au conseil général, je
« m'estimerai trop heureux de vous consacrer et de vous
« dévouer encore tout mon zèle, tous mes soins, toutes mes
« facultés, et de vous témoigner ainsi toute ma gratitude pour
« votre ancien attachement à mon égard.
« Vous connaissez tout mon passé, ma vie publique et privée ;
« vous y trouverez la garantie des sentiments que je vous
« exprime.

L. DELHAYE. »

De ma Prairie, 30 août 1867.

2^{ent}. Si cet insuccès électoral ne m'a pas autrement émotionné, il n'en a pas été de même à propos d'une distinction que j'ambitionnais et dont la privation m'est encore bien sensible ; je veux parler de l'honorariat qu'un notaire, cessant ses fonctions, obtient quelquefois du vote de ses confrères.

Je croyais pouvoir aspirer à cet honneur, après avoir été titulaire pendant vingt-deux ans environ, avoir exercé mes fonctions consciencieusement et avec un attachement prononcé à ma charge et à ma compagnie, et étant en possession d'une des plus belles et des plus nombreuses clientèles de l'arrondissement.

Malgré l'oubli, passé à l'état systématique, dans lequel l'assemblée laissait depuis longtemps tous les anciens notaires, (Mes Bottieau, Paul, Emond, Marchal, Evrard, etc.) en négligeant de les retenir dans son sein, par un témoignage de bon souvenir et d'estime, j'ai la confiance que mes confrères m'auraient maintenu honorifiquement dans leur compagnie, si un seul membre avait pensé à appeler l'attention de la chambre sur ce sujet ; c'est peut-être une illusion de ma part, en présence des échecs subis par mes devanciers, qui existent encore pour la plupart, mais qu'on me la laisse, elle adoucit mes regrets ; disons encore que les notaires de l'arrondissement d'Avesnes, disséminés dans seize résidences, se connaissent peu et manquent entr'eux de ces relations suivies de sociabilité, de ces rapports constants de confraternité qu'on rencontre naturellement plus accentués dans les grands centres agglomérés, où l'on tient pardessus tout et par esprit d'ensemble, à l'honneur des corporations.

3^{ent}. J'ai aussi échoué dans mon désir d'exercer les fonctions de juge-de-paix à Bavay ; cette belle mission me souriait et j'espérais faire quelque bien par suite de mon esprit conciliant et de la connaissance que j'avais des tendances et des dispositions d'esprit des habitants du canton ; c'eut été bien terminer ma carrière.

On m'a bien offert le Quesnoy ou une résidence avantageuse autre que Bavay et presqu'à mon choix, mais je ne pouvais, à mon âge, me résoudre à quitter ma localité où se trouvait le centre de mes affections et de mes affaires propres, où je conservais mes recettes.

Je dois dire ici que ma contrariété n'a pas eu de durée et que je me suis bientôt complu dans mon isolement des fonctions publiques, me contentant d'avoir été ou d'être encore : Conseiller municipal, inspecteur d'abord, puis délégué des écoles, inspecteur des enfants dans les manufactures, membre de la chambre d'agriculture, membre et secrétaire de la commission de l'hospice, membre du bureau de bienfaisance et de la fabrique, ayant aidé à l'établissement d'un collége et d'un hospice à Bavay, et conservant dans le domaine des affaires, le soin de quelques recettes, notamment de celle de M. le baron De Molembaix qui m'a toujours honoré de son amitié à laquelle je suis on ne peut plus sensible et avec qui j'ai continué des relations très-agréables et satisfaisantes sous tous les rapports.

Le bagage de ces petites tribulations et de quelques autres de même nature, mais de bien peu d'importance, puisque je n'en ai pas gardé le souvenir, ce bagage n'est pas bien lourd ni difficile à porter, aussi aurais-je dû peut-être taire ces rares misères comme choses ayant peu de valeur dans le bilan de mon existence.

De ma Prairie, 10 septembre 1867.

J'ai esquissé, dans mes confidences précédentes, les principaux faits qui se sont produits pendant le cours des soixante premières années de ma vie et qui étaient de nature à exercer une influence majeure sur ma destinée; je voudrais, en continuant mon récit, caractériser, d'une manière particulière, ce qui se rattache à chacun des membres de ma famille, et faire ressortir leurs qualités respectives et les dispositions naturelles qu'ils ont ou négligées ou fructueusement utilisées.

N'est-il pas toutefois convenable, avant tout, de commencer par moi-même et de me montrer tel que je suis, tel que je devrais être.

Abordons donc mon portrait, celui que je rendrai peut-être avec le moins de fidélité, puisqu'il est généralement reconnu qu'on est rarement bon juge dans sa propre cause, et qu'on est presque toujours tenté de s'attribuer complaisamment un mérite quelque peu forcé, quelque peu empreint d'exagération, et de pallier, avec la même complaisance, les défauts qui nous font tache.

A mon âge cependant et dans le calme de la réflexion, je pense que je parviendrai à ne pas trop m'éloigner du vrai, dans le tableau qui suit et qui me concerne :

Mon Portrait.

Je suis né en 1805, avec des dispositions à la timidité et à l'amour du prochain ; aussi n'ai-je jamais pu prendre l'initiative d'une résolution agressive et encore moins la mettre à exécution ; sous ce rapport, je manque un peu de courage viril, lorsqu'il s'agit de lutter contre un adversaire quelconque, et j'aurais toujours préféré céder et même passer pour poltron, plutôt que d'entreprendre une résistance ouverte ou d'entamer seulement une polémique irritante ; par exemple, si ma femme avait été portée à la dépense et au luxe, je n'aurais pas eu la force de l'arrêter et de la mécontenter, en refusant d'obéir à ses fantaisies.

J'ai pu, rarement toutefois, me laisser aller à des mouvements spontanés et répondre énergiquement à des faits qui me paraissaient froissants et à des reproches immérités, mais à peine était-ce fait que j'en éprouvais le plus vif regret, heureux de trouver bientôt l'occasion de réparer ces petits oublis de charité ; à ce propos, qu'on me permette de dire ici : que je ne saurais haïr personne (je le sens bien intérieurement) ; que je ne saurais souhaiter de mal, même à ceux qui voudraient m'en faire ; enfin que je n'ai jamais éprouvé de plus grande jouissance, dans ma vie civile et dans ma carrière notariale, que de pouvoir obliger et le plus promptement possible, des personnes qui s'offraient injustes et même méchantes à mon égard.

Il me peine d'adresser ou d'entendre adresser des

reproches, quoique mérités, à ceux dont la condition est inférieure à la notre ; je ne saurais les humilier et je tiens naturellement compte du milieu dans lequel ils ont été élevés ; ainsi je les trouve souvent excusables de leurs défauts dans le caractère, de leurs petits écarts de conduite, en pensant que ceux qui ont reçu plus d'éducation et qui devraient prêcher d'exemple, sont souvent plus imparfaits, au moins relativement, que ces déshérités de la fortune ; je pense qu'il y a un moyen de les réformer, c'est de prendre avec eux, dans les admonestations, un ton d'ami et d'employer des paroles de persuasion ; il est permis de se passer d'eux lorsqu'ils sont incorrigibles ou insuffisants, mais on doit conserver toujours à leur égard, pour ne jamais compromettre sa position ni sa dignité de personne bien élevée, une attitude réservée et bienveillante, aussi longtemps que ces inférieurs se trouvent à notre service ou sous notre direction ; enfin on ne devrait leur adresser ces rares reproches qu'en forme de conseils.

J'aime un peu la taquinerie, mais seulement avec mes égaux qui savent entendre la plaisanterie, et avec les personnes qui me sont familières, exceptant toutefois de cette catégorie et autant que possible, mes enfants et mes gendres.

J'ai été très-actif, très-laborieux ; aujourd'hui je deviens vraiment paresseux, presque jusqu'à l'insouciance, pour les choses matérielles ; cette dernière disposition provient sans doute de ce que tout m'a toujours souri et réussi ; aussi suis-je, si pas de naissance au moins par les heureux évènements de ma vie, plus optimiste que pessimiste ; je vois tout plus en beau qu'en mal, et j'aperçois toujours, même dans des circonstances qui paraissent défavorables, des compensations présentes ou futures qui me tranquillisent et que j'ai souvent vues se réaliser ; il est certain qu'à moins de douleurs morales qui viendraient nous accabler et qui ne souffrent aucune espèce de consolations, nous devons nous abstenir de nous plaindre d'une foule de contrariétés qui souvent et dans un temps peu éloigné, tournent à de réels avantages.

Je n'ai jamais exercé mon autorité paternelle dans toute sa plénitude, non que j'aie pu craindre chez les miens aucune idée de révolte, d'insoumission ou de manque de déférence ; mais : j'avais été clerc subordonné, pendant plusieurs années, dans la maison de ma femme ; j'étais plus jeune qu'elle de trois ans ; mon âge n'était pas à bien grande distance de celui de mes enfants ; tout cela m'a tout naturellement amené à me montrer plutôt l'ami que le maître de ces enfants, à me borner à des conseils plutôt qu'à des ordres et enfin à ne permettre, même aujourd'hui à mes cheveux blancs, d'autre pression que celle de l'exemple.

Sous ma Charmille, 23 septembre 1867.

J'ai assez de facilité à rendre ma pensée par écrit, et cependant je doute de la réussite et de mes moyens chaque fois que je prends la plume.

Loin de savoir improviser, je me trouble en prononçant en public quelques mots préparés à l'avance ; ma timidité m'empêche même de lire, sans émotion, un compliment ou une oraison funèbre ; la lecture aussi d'une histoire sentimentale ou intéressante sous le rapport de la charité, m'attendrit jusqu'aux larmes.

Je suis bien l'homme du devoir et cependant à l'époque présente, je n'aime pas à être soumis à la règle ; je me plais dans cette situation qu'en me levant, je ne sais ce que je ferai dans la journée ; aussi cette tendance au laisser-aller me rend-t-elle moins fervent que je ne devrais l'être pour les pratiques religieuses ; je regrette bien sincèrement de m'en tenir, à peu près strictement, aux commandements de l'église et de ne pas consacrer plus de mes moments au service de Dieu ; mais mon désir bien arrêté est de m'amender à ce sujet.

Je possède, je crois, assez de qualités pour être bon père de famille, simple citoyen de la bourgeoisie, mais je me crois insuffisant, par caractère, pour jouer un rôle élevé dans la société ; j'y manquerais de résolution et de fermeté ; je ne me sens pas capable de grandes conceptions et je serais au moins irrésolu dans leur application.

Je suis toujours jeune de caractère et de gaieté, et l'on pourrait se méprendre sur l'uniformité régulière de ma conduite, si l'on s'arrêtait à mon attitude enjouée ; c'est bien le cas de m'appliquer ce dicton : « *Bouche qui rit ne pèche pas* ». J'aime assez les petites allusions légères et voilées, entre personnes toutefois de bonne convenance et d'âge mûr ; mais, je tiens à le dire, j'ai toujours été sévère à l'endroit des mœurs jusqu'à la superstition.

En politique, je suis franchement conservateur et serais assez tenté de toujours trouver meilleur le gouvernement que l'on a ; j'ai pris part à toutes les luttes électorales et j'affirme que je n'ai jamais éprouvé le plus petit chagrin des échecs subis par le parti que j'appuyais ; j'étais persuadé qu'on ne savait pas précisément où était le bien en politique et que ce que l'on considérait comme avantageux, avait souvent un revers et des effets contraires aux prévisions humaines ; j'ai toujours rempli cependant mon devoir de citoyen, avec calme, sans entraînement, sans fougue.

J'ai conservé assez bonne santé relative ; je la dois, je pense, au repos que je me suis donné en temps opportun et à ma sobriété en toutes choses ; il est certain que tous excès, même dans les proportions ordinairement permises, m'auraient singulièrement nui ; mais, trop faible que j'aurais été pour résister à des instances toutefois honnêtes et légitimes, j'ai été très-heureux de toujours rencontrer à mes côtés, tous les éléments désirables de sagesse, de bonne tenue et de modération.

J'ai parlé de mon insouciance en beaucoup de choses ; ceci demande une explication : je me laisse, à la vérité, vivre pour tout ce qui se rattache aux attributions de ma femme et me suis habitué à n'en prendre aucuns soucis ; mais je n'ai jamais négligé ce qui a rapport aux affaires d'intérêts et à l'administration de notre petite fortune ; c'est le seul objet dont je me sois occupé d'une façon exclusive, laissant à ma femme le soin de tout le reste qu'elle dirige avec intelligence et dont je suis pour ainsi-dire désintéressé ; mettant ainsi en pratique la salutaire maxime de la séparation des pouvoirs.

Je finis ; n'ai-je pas assez d'ailleurs complété mon portrait par le récit, qui précède, des différentes circonstances de ma vie ?

Je finis donc cette première partie de mes mémoires, me réservant, dans d'autres pages, 1º de reproduire quelques faits généraux et particuliers relatifs à mon pays ; 2º de proposer quelques maximes pratiques à observer dans la conduite des affaires de ce monde ; 3º enfin de continuer, si Dieu m'accorde encore quelques années, le récit des actes qui pourront se succéder, concernant nos personnes et nos intérêts de famille.

Jusqu'ici tout a été pour le mieux ; Dieu a protégé ma maison ; je lui en rends les actions de grâce les plus sincères, les plus reconnaissantes, et me confie entièrement encore à sa sainte volonté pour l'avenir.

OCTOBRE 1867.

DELHAYE.

Nota.

J'ai communiqué à mes enfants les pages qui précèdent et tous m'ont manifesté le bonheur qu'ils en ressentaient et le profond intérêt qu'ils attachaient aux heureux évènements de ma vie.

Mon gendre, Charles Motte, a bien voulu traduire ces bons sentiments dans les quelques mots si suaves et si affectueux qu'il m'a adressés et dont je le remercie du fond du cœur.

En les reproduisant ci-après, j'éprouve de nouvelles joies, de nouvelles satisfactions :

« J'ai lu avec plaisir, je dirai plus, avec bonheur les
« CONFIDENCES que vous avez dédiées à votre famille.
« Cette lecture m'a fait bien ; elle a été pour moi pleine
« d'attraits et de charmes, et cela précisément parce que j'y
« ai trouvé une chose bien rare de nos jours, c'est-à-dire,
« *l'expression vraie de nobles et généreux sentiments* gracieu-
« sement exprimés. — La Providence, nous devons le recon-
« naître, a été prodigue de ses faveurs envers vous ; aussi
« qu'il nous soit permis de joindre notre timide voix à la vôtre
« pour lui rendre de dignes actions de grâce ; soyons aussi
« généreux envers elle qu'elle a été prodigue envers vous ;
« l'indifférence ou l'oubli pourrait tarir la source de si nom-
« breux bienfaits ; la reconnaissance, au contraire, ce besoin
« des grandes âmes, vous en assurera de nouveaux ; jusqu'à
« votre dernière heure, que le *Te Deum* de la gratitude soit
« sans cesse sur vos lèvres ; il sera, nous en avons la douce
« espérance, comme le prélude de l'éternel *Hosanna.*

« Bavay, 1er juillet 1868.

Ch. MOTTE ».

Quelle belle âme que celle de mon cher et excellent gendre !

L. D.

DEUXIÈME PARTIE

Fidèle à ma promesse, j'ai reproduit et réuni en deux volumes in-8°, dans un style modeste et sous une forme simple, les principaux faits et évènements relatifs à ma ville natale et à la contrée qui l'environne ; je les ai puisés à bonne source et l'on peut dès lors les considérer comme authentiques ; je devais ce témoignage d'attachement et de dévouement à mon pays.

Si ces documents sont imcomplets, et il est indubitable qu'on peut toujours espérer de nouvelles découvertes, j'ai la confiance qu'un autre, aussi zélé mais plus autorisé que moi, voudra bien compléter mon œuvre.

Passant à un autre ordre de distractions et toujours en exécution de ma promesse, je vais essayer de présenter à mes enfants et à tous autres qui voudront bien me lire, certains conseils, certaines maximes propres à les porter au bien et à les garantir de tous découragements comme de tous entraînements irréfléchis.

Qu'on soit bien persuadé que mes réflexions, que mes avertissements ont un caractère de généralité qui exclut toute pensée d'application personnelle.

J'entre en matière :

CONSEILS FAMILIERS

DONNÉS

Par un Père a ses Enfants

Arrivé à un âge où l'homme, perdant ses forces physiques, ne peut plus s'occuper avec fruit des intérêts matériels dont la gestion lui devenait obligatoire dès son entrée dans la vie sérieuse, surtout avec le titre d'époux et de père, je vais m'efforcer, si mes facultés me le permettent et en profitant de l'expérience que j'ai dû acquérir dans le maniement des affaires et dans l'étude du cœur humain, de réunir et de joindre à l'héritage que je laisserai à mes enfants, certaines notions de morale pratique, certaines règles de conduite qui pourront, à des moments donnés, leur venir en aide, améliorer leur situation intérieure et leur faire supporter avec plus de résignation et même avec une certaine tranquillité d'âme, non-seulement les petites contrariétés et les froissements qui arrivent inévitablement au sein des familles et dans les relations sociales, mais encore ces grandes émotions produites par des évènements inattendus et souvent bien pénibles.

Je pourrais presque me borner à conseiller le recours à cette maxime si précieuse, si salutaire et toujours si fructueuse : *Que la volonté de Dieu soit faite !* Cette maxime, qu'on peut mettre en pratique dans toutes les circonstances de la vie, est une des plus grandes ressources dont nous devrions toujours être munis pour parcourir les différents postes de notre passage sur la terre.

Entendons-nous bien toutefois ; ce n'est pas sans avoir cherché à accomplir tous les devoirs de notre état, que nous pourrions nous endormir dans une constante quiétude, dans un laisser-aller dissolvant ; que nous pourrions nous abandonner, je dirai presque lâchement, à la volonté Divine ; non, remplissons d'abord toutes les obligations qui nous sont prescrites et que réclament nos besoins spirituels et les exigences de notre faible nature, soyons nous-mêmes notre ange tutélaire, notre ange-gardien ; puis, lorsque, d'accord avec les indications de notre conscience, nous aurons fait ce que nous croirons être le nécessaire et le possible pour éviter les vicissitudes qui viendront nous atteindre et nous accabler, rapportons-nous en à la miséricorde du Seigneur et reposons-nous en elle.

C'est en vue de ces devoirs, mes chers enfants, que j'aime, dans ce dernier produit de mes occupations intellectuelles, à m'entretenir avec vous.

Les devoirs qui nous imcombent dans le cours de notre existence, sont de diverses natures : *Devoirs envers Dieu, devoirs envers le prochain et envers nous-mêmes.*

I. — Devoirs envers Dieu.

Membres d'une nationalité quelconque, nous devons forcément obéir à ses lois, quelque gênantes qu'elles soient, quelque dures qu'elles nous paraissent, et un honnête homme ne s'affranchit jamais de cette règle.

Pourquoi, lorsque nous appartenons à la religion catholique, dans laquelle nous avons eu le bonheur de naître, n'observerions-nous pas tous les commandements et toutes les pratiques que nous enseigne et nous prescrit cette religion ?

Les lois civiles, quoique faites pour le bien public, peuvent, sortant de la main de l'homme toujours sujet à errer, ne pas être, dans leur application, justes et profitables à tous ; elles peuvent compromettre les intérêts des uns au profit des autres ; elles imposent des charges qui ne sont pas toujours bien réparties, des obligations lourdes pour certains ; on peut dire aussi que ces lois sont des entraves à notre liberté.

Les lois Divines n'ont pas ce défaut ; elles ne commandent que des choses faciles, que des choses utiles à ceux qui y sont fidèles ; elles ne touchent que par le bon côté à nos intérêts humanitaires ; elles n'en froissent aucuns ; elles portent partout la moralisation, et dès lors, en les pratiquant, on ne peut que devenir et rester parfait honnête homme.

On peut regretter quelquefois d'avoir été obligé de suivre les prescriptions de la loi civile ; jamais on ne se plaint d'avoir obéi à la loi religieuse ; on éprouve au contraire une douce satisfaction de l'avoir pratiquée.

On dira peut-être qu'il en coûte à notre amour-propre de nous incliner devant des doctrines basées sur des dogmes que notre raison ne comprend pas ; mais notre raison, est-elle d'abord si parfaite qu'on doive, en cette circonstance, y avoir nécessairement recours ? interprêtera-t-elle les choses de la même manière que la raison d'un autre ? il est à croire que non ; s'il en est ainsi, l'une ou l'autre de ces raisons sera en défaut, si pas toutes deux ; ne raisonnons donc pas, avec une obstination trop souvent préconçue, sur les mystères de la foi et bornons-nous à rechercher où se trouvent les principes les plus irréprochables sous le rapport de la moralité, de la probité et des espérances dont nous attendons la réalisation, et attachons-nous au culte qui les proclame avec le plus d'autorité ;

En mettant en regard les enseignements de notre religion, inflexiblement fixés dans les œuvres catholiques d'où découlent toutes les vertus et dont les hommes irréligieux ne peuvent s'empêcher d'admirer la sagesse, et, d'autre part, les enseignements des hommes, si erronés, si variés, en raison des dispositions plus ou moins intéressées de leur esprit, peut-il y avoir doute sur le choix à faire ? N'y a-t-il pas lieu de dire, comme un grand philosophe chrétien : « *Raisonne, si tu veux, moi j'admire ; dispute, moi je crois.* » Et puis, cette croyance ne me sauve-t-elle pas déjà de ces combats intérieurs et de ces doutes si soucieux dont est constamment agité le cerveau d'un mécréant ?

Conservons donc toujours cette tranquillité d'âme, assurée à tout bon chrétien, et ne craignons pas de nous soumettre aux préceptes que Dieu et son église nous enseignent et qui ne sont pas d'ailleurs d'une application bien difficile ; une pratique bien éclairée et bien entendue de ces préceptes nous procurera toujours les joies les plus pures et les consolations les plus douces.

Aimons Dieu de tout notre cœur et il nous aimera ; comme c'est un ami puissant, il saura nous aider lorsque nous l'implorerons avec confiance ; il est si bon à ceux qui le cherchent !

Ne rompons donc jamais avec Dieu et croyons à lui sans réserve ; Dieu existe, c'est un fait incontestable ; notre instinct, à défaut de raison, nous le dit assez ; figurons-nous dès lors qu'ayant fait ce que nous voyons, combiné avec tant de perfection, Dieu doit être lui-même parfait ; s'il est parfait, il est juste ; s'il est juste, il doit punir les infracteurs de sa loi et récompenser les bons ; donc, si Dieu, qui est éternel et parce qu'il est éternel, permet en ce monde que le méchant prospère tandis que l'homme vertueux est parfois privé des biens et agréments d'ici-bas, c'est qu'il réserve à ceux-ci des faveurs futures qui compenseront et au delà les misères qu'ils auront supportées ; mais ou ? demandera-t-on ; bien entendu dans une seconde vie qui doit succéder à celle que nous passons sur la terre ; s'il en était autrement, Dieu cesserait d'être équitable, cesserait d'être Dieu, et nous ne pouvons admettre une telle doctrine.

Ceux qui persistent à nier Dieu et par suite les béatitudes qu'il ne peut refuser à ses fidèles, n'ont pas écouté le cri de leur conscience ; leur for intérieur les accuse, mais le respect humain l'emporte ; oh ! ils ont beau faire, leurs agissements mondains, leur entêtement qu'ils étalent comme preuve d'une raison forte et solide, et que je dis égarée, tous leurs faits et gestes les laissent dans le vide ; car, ôtant Dieu, voyez ce qui leur reste : une existence qui tient de l'animal et qui finit comme celle de l'aminal, qui manque de ces satisfactions, de ces consolations, de ces espérances que la Foi fait savourer avec tant de délices.

Que le maudit respect humain ne vienne donc jamais affaiblir ni détruire vos bonnes dispositions ; que les railleries du monde, mes chers enfants, n'aient aucun pouvoir sur votre esprit, lorsqu'ils s'agit de confesser le plus noble des sentiments, celui de l'amour de Dieu ; sans la force d'âme on ne remplit aucun noble devoir.

Oui, adorons Dieu avec sincérité ; soyons chrétiens, véritablement chrétiens, mais sans superstition, religieux sans fanatisme, pieux sans hypocrisie : en un mot dévotieux, c'est-à-dire dévots dans la vraie acception du mot, d'une piété dès lors toujours attrayante, douce, affectueuse et débordant de charité, en évitant d'attacher à notre dévotion une teinte d'intolérance et de sécheresse, que le monde est assez disposé à attribuer à tout dévot tant soit peu agité.

La vraie dévotion doit redouter les extrêmes, car la vertu cesse où commence l'excès.

Jamais donc de zèle trop impétueux, mais plutôt un zèle

charitablement éclairé qui ait la douceur pour guide, la compassion pour compagne et la prudence pour limite.

Quant au fanatisme irréligieux, c'est un scandale dont les ravages, d'une apparence policée, n'en portent pas moins partout la désolation ; il corrompt les mœurs, nourrit les haines et les divisions ; ce fanatisme paraît sous les figures les plus séduisantes, tolère ce que la véritable religion condamne, se joue des serments les plus sacrés, ou, pour mieux dire, rien n'est sacré pour lui ; selon le fanatisme irréligieux, le mariage est une convenance dont on peut abuser sans cesser d'être honnête homme, le divorce est un privilège dont on peut user selon ses caprices, l'adultère un jeu d'enfants dont tout le monde doit rire.

Fuyez surtout ce dernier écueil particulièrement dangereux.

En fait de religion, n'en parlez qu'avec respect et ne faites jamais rien par routine.

Choississez bien vos livres de lecture ; prenez de préférence ceux qui vous portent à la charité, à l'humilité ; dans l'Imitation de Jésus-Christ, vous apprendrez à supporter votre joug, à espérer en un Dieu miséricordieux, à vous sanctifier dans toutes les conditions de la vie.

Ne vous meublez pas le cerveau d'une infinité de choses insignifiantes ; ce n'est pas par la multiplicité des mots qu'on acquiert le secours fortifiant de Dieu ; mais bien plutôt par le choix d'une alimentation solide et proportionnée aux exigences de notre nature ; faites donc pour l'âme ce que vous feriez pour le corps, et, sans trop la charger, ne lui refusez pas ce qui peut entretenir sa force et activer ses puissantes facultés.

Que vos prières soient courtes, et récitées avec dévotion, ferveur et humilité ; il y a toutefois un certain mérite aux yeux de Dieu et pour le temps que vous pourrez y donner, à les proportionner aux devoirs de votre état, aux besoins particuliers que réclame votre situation et enfin à l'attrait naturel que vous aurez pour ce pieux exercice.

Que la prière Dominicale soit surtout votre prière de tous les jours ; considérez la comme la plus agréable à Dieu et la plus utile aux hommes ; elle est de tous les temps et pour tous les besoins ; en la prononçant, l'homme vertueux se plie aux volontés de Dieu et demande le règne de sa justice, le pauvre demande le pain de ses repas, le chrétien sa nourriture spirituelle, l'impie sa conversion, le vindicatif renonce à la vengeance et tous réclament la délivrance de tous les maux présents et à venir.

Je vous ai parlé ci-devant de l'hypocrisie ; c'est un des vices les plus condamnables.

L'hypocrite porte les mêmes livrées que le véritable religieux ; il saura préconiser la vertu et anathématiser le vice, selon que ses intérêts l'agitent ; il est fourbe, rampant, flatteur, patient selon ses besoins ; mais que son masque tombe ou qu'on le lui arrache, on lit sur sa figure tout l'intérieur de son âme ; pour découvrir l'hypocrite, il faut de la prudence et de la circonspection ; il faut surtout avoir recours aux conseils d'un honnête homme, d'un homme vertueux et vous le reconnaîtrez facilement ; celui-ci est franc, loyal, généreux, charitable ; il tient à sa religion tout en déplorant l'erreur de ses frères égarés ; adressez-vous à lui en toute confiance, vous ne serez pas trompés.

Vous êtes catholiques, mes enfants ; eh bien ! révérez votre culte et ses ministres ; soyez fidèles observateurs de tous les devoirs qui vous incombent ; veillez toujours sur vous-mêmes sans jeter un regard trop scrutateur sur la conduite de votre prochain et sans vous alarmer de la protection accordée aux autres religions ; la charité tolérante fait, de vos frères hérétiques, des prosélytes ; l'intolérance les transforme en ennemis ; ne jugez pas, ne condamnez pas ; Dieu seul appréciera les mérites spirituels de chacun.

II. — Devoirs envers le prochain et envers nous-mêmes.

Chers amis, vous êtes ou vous deviendrez sans doute chefs de famille ; prenez le plus grand soin de donner de bons exemples à vos enfants ; c'est le plus bel héritage que vous puissiez leur assurer.

Occupez-vous sérieusement de leur éducation et confiez-les pour leur instruction à des maîtres non-seulement instruits, mais surtout honnêtes et doués de bons principes religieux ; ne les perdez jamais de vue et faites leur contracter des amitiés sûres et épurées ; mais que leur principal ami soit toujours leur père ; inspirez-leur une parfaite et entière confiance et ne les effrayez pas par trop d'austérité ; ménagez leur amour-propre et lorsque vous serez forcés de réprimer certaines ardeurs juvéniles, certains écarts, que vos réflexions et vos exhortations soient toujours données en forme d'avis ; soyez enfin le père de vos enfants jusqu'à leur âge de sept ans, un peu leur maître jusqu'à douze, et puis toujours leur ami ; ne les brusquez jamais, même dans les cas graves et craignez de les amener, par un commandement trop impérieux, à manquer au respect qu'ils vous doivent.

N'oubliez pas que lorsqu'un jeune homme a quitté le toit paternel, les mauvaises compagnies cherchent à l'assiéger et à lui faire perdre tout le fruit de la bonne éducation qu'il a reçue ; une jeune fille paraît-elle une première fois dans le monde, d'agréables séducteurs cherchent à la corrompre par mille flatteries ; elle pourrait s'y accoutumer, et là où se trouvent certaines personnes qui ne savent plus rougir, on a bientôt appris à ne plus rougir soi-même.

Veillez constamment, pères et mères, et ne fermez jamais l'œil ou ne soyez jamais indifférents sur les petites incartades de vos enfants, dangereuses si elles se reproduisent souvent.

S'il est naturel aux parents de chérir leurs enfants, ceux-ci doivent bien leur rendre la somme d'affections qu'ils en reçoivent, et leur témoigner, en toutes circonstances, un grand fond de déférence, quels que soient les travers et les défauts de leurs auteurs.

Soyez rigides à l'endroit de la probité et que vos paroles et vos actions ne causent jamais préjudice à autrui ; pas de complaisance pour soi dans les règlements d'affaires ; que le plus illettré, que le plus simple puisse vous aborder avec pleine sécurité.

Si vous avez fait le moindre tort à qui que ce soit, dans sa réputation ou à sa bourse, réparez-le aussitôt et n'ayez pas crainte d'avouer franchement vos fautes ou votre erreur ; un aveu de cette nature est toujours louable, honorable même et vous laisse la conscience tranquille.

Si vous avez des serviteurs à vos ordres ou à votre service, regardez-les comme vos protégés ou des amis malheureux et non comme des esclaves ; supportez avec patience, je ne dis pas leurs vices, mais leurs défauts, puisqu'ils doivent supporter les vôtres ; ne les humiliez jamais ; ne les fatiguez pas de semonces trop répétées, quelque méritées qu'elles soient et ne faites usage de votre blâme que lorsque leurs petites infractions au service qu'ils vous doivent, auront ensemble acquis la valeur d'une faute ; vous ne compromettrez pas ainsi votre autorité et votre dignité ; surtout que vos réprimandes soient faites en l'abscence de témoins ; en un mot, aimez vos serviteurs, soulagez-les au besoin, mais n'accordez à aucun d'eux une confiance entière et exclusive ; cette confiance sans bornes le rendrait avec le temps, présomptueux, moins prompt à obéir et souvent arrogant avec ses semblables.

Respectez à votre tour vos maîtres et maîtresses ; considérez celui qui sera chargé de votre instruction comme un second père.

N'ayez pas de dédain pour l'opinion d'autrui ; lorsqu'elle paraît surtout sincère et établie en vue du bien ; gardez-vous d'imiter ceux qui, n'ayant pas de sincérité dans le cœur, croient toujours voir de la fausseté dans le cœur des autres.

Si vous entrez, mon fils, dans le barreau, n'entreprenez jamais une cause que vous ne croirez pas suffisamment bonne, et pour défendre celle qui vous paraîtra juste, n'employez que des moyens loyaux et honnêtes.

Si vos talents, vos vertus et votre désintéressement vous portaient à une magistrature soit civile, soit judiciaire, ne l'acceptez qu'en tremblant et avec la ferme volonté d'oublier les injures passées et de ne voir ni amis, ni ennemis dans vos justiciables ; que le pauvre soit aussi assuré que le riche de la justice de vos décisions.

N'employez jamais de voies basses et rampantes pour parvenir aux emplois ; gémissez sur les injustices qui se commettent, mais ne faites pas l'injure à qui que ce soit de les lui attribuer.

Pardonnez les offenses ; ayez plus de pitié que de courroux pour ceux qui vous calomnient ou cherchent à vous nuire ; répondez à leurs attaques par une tenue constamment édifiante qui les désarmera, par des services charitables rendus à propos et qui constitueront la plus belle des vengeances ; oui, vengez-vous toujours d'une injure par un bienfait ; on considère souvent cette abnégation, cet oubli des outrages, comme une faiblesse ; c'est plutôt une preuve de réflexion et un acte de courage.

Fuyez les procès ; ils sont la source de chagrins domestiques ; ils éternisent les haines et les divisions parmi ceux qui devraient toujours s'aimer ; non-seulement ils donnent presque toujours lieu à des troubles, à des querelles, mais ils ruinent souvent le gagnant aussi bien que le perdant ; préférez donc toujours un arrangement passable à un procès douteux.

Si votre vocation vous appelle au sacerdoce, ne vous déterminez jamais par aucune vue d'intérêt ; que le désir de mieux pratiquer la vertu et de l'enseigner aux autres soit le seul mobile qui vous fasse agir ; souvenez-vous que si tout homme doit être saint, un prêtre doit l'être par excellence, avec la charité, la tempérance et la chasteté pour cortége.

Quoi qu'il en soit de votre état, de votre profession ou de vos fonctions, il est nécessaire, dans la conduite des affaire, dans le commerce de la vie, et pour obtenir succès, de gagner la confiance de ceux avec qui vous aurez à traiter et à vous entretenir ; à cet effet, ne soyez jamais absolus, opiniâtres, surtout dès le début ; commencez plutôt par donner raison à ceux avec lesquels vous discutez ; ayez aussi l'apparence, permettez-moi cette expression, de lâcher la bride ; lorsque vous aurez acquis ainsi les sympathies de vos interlocuteurs, vous pourrez présenter, avec grandes chances de réussite, vos arguments décisifs, et ils seront toujours, si non de suite entièrement acceptés, au moins plus facilement écoutés ; votre premier soin, bien entendu, est de connaître les dispositions morales et le caractère des gens que vous voulez amener à la bonne raison ; s'ils sont plusieurs, abordez tout de suite le plus récalcitrant, le plus entêté, et, après l'avoir accueilli avec bienveillance, laissez-lui un peu entendre que sur certain point, vous n'êtes pas tout à fait éloigné de l'approuver ; vous verrez bientôt votre homme se dérider, devenir plus accommodant ; vous aurez dès lors acquis sa confiance et tout ne tardera pas à se conclure à votre grande satisfaction ; essayez au contraire de lui prouver en commençant qu'il a tort ; oh ! alors, il se roidira et vous ne pourrez plus le ramener.

Ayez de la charité pour les pauvres ; c'est la première des vertus et la plus agréable à Dieu ; on est rarement mauvais citoyen lorsqu'on est charitable et humain.

Ne méprisez donc jamais les pauvres, secourez-les de tous vos moyens, prévenez-les et ne vous laissez jamais arracher un bienfait ; respectez aussi les riches comme étant les économes et les dispensateurs du patrimoine de l'indigent ; un riche charitable est une perle précieuse pour la société, et en défendant ses propriétés, vous conservez celles des malheureux.

J'aime à insister sur cette vertu de charité et à faire ressortir, par le récit suivant, tout le bonheur qu'on ressent à faire l'aumône ; si vous versez quelques larmes en me lisant, elles seront tout autres que celles qu'on laisse quelquefois couler à la lecture d'un roman ou sur le sort d'un héros de théâtre ; on oublie bien vite ce héros, mais la charité chrétienne, en faveur des malheureux qui souffrent, grave dans les cœurs des souvenirs qui ne s'effacent pas.

Deux époux vivaient paisiblement, entourés de l'affection de deux jeunes filles, l'une âgée de 16 ans, l'autre de 14 ans; l'aisance, quoique modeste, de ces parents laissait à ces enfants la faculté de faire quelques petites épargnes pour s'acheter, de temps en temps, des fantaisies et enjolivements de mode.

Un accord mutuel régnait entre ces deux sœurs ; la cadette dit un jour à l'aînée : Ecoute, ma sœur, nous avons chacune vingt francs pour nos menus plaisirs ; au lieu d'acheter quelque chose pour la fête prochaine et de dépenser notre argent pour ces petits colifichets que nous ne mettons souvent qu'une ou deux fois, employons cet argent pour soulager les malheureux, ce qui est toujours de mode ; nous avons là nos voisins, si pauvres et si honnêtes gens ! donnons-leur nos quarante francs pour les aider à revêtir leurs enfants qui sont presque nus ; ces petits innocents sont si jolis, s'attachent si amicalement à vos pas ! leurs père et mère seront si contents ! ah, ma sœur, lui répondit aussitôt l'aînée en l'embrassant, tu as pressenti mes intentions ; comme je t'en aime mieux ! allons-y de suite, sans en parler ni à papa ni à maman qui, j'en suis sûre d'ailleurs, n'y trouveront rien à redire.

— Bon jour, voisine. — Bon jour, chères demoiselles.
— Vous avez l'air bien triste aujourd'hui, voisine ! — Ce n'est pas sans sujet, je vous l'assure ; nous avons été malades, comme vous savez ; mon mari a été ensuite sans ouvrage, et cela nous a réduits au point de ne pouvoir payer notre quartier de loyer ; nous l'avions toujours acquitté jusqu'à présent, sans nous le faire demander et voilà déjà deux fois qu'on nous le réclame ; nous n'avons pas le premier sou, non-seulement pour ce loyer, mais même pour du pain ; il nous en restait un morceau, nous l'avons gardé pour nos enfants et, à l'heure qu'il est, nous n'avons pas encore mangé de la journée ; jamais, nous ne nous sommes trouvés dans une si affreuse situation.

— Que ne parliez-vous donc ? que ne veniez-vous recourir à nos parents ?

— Ce qui nous fait le plus de peine, c'est que celui qui nous demande de l'argent, n'est pas lui-même riche et en a besoin.

— Eh bien, voisine, voilà 40 francs que ma sœur et moi avons épargnés ; nous les apportions pour revêtir vos enfants, mais employez-les à quoi vous jugerez bon.

— Oh, mes chères demoiselles, ce bienfait ne sera pas oublié; Dieu vous en récompensera; permettez que je vous embrasse, en remerciement de votre bon cœur.

Tous s'embrassent en répandant des larmes d'attendrissement.

Quelle scène peut être plus touchante? dans quel spectacle peut-on goûter un plaisir plus délicieux ? que le joug de la vertu est donc bien doux, bien consolant à supporter ! quel est le libertin qui avec tout son or, a jamais eu une telle jouissance !

— Où est donc votre mari, ma voisine ?

— Il est là bien triste, à la place du fond ; quelle joie pour lui ! je vais l'appeler.

On l'appelle, il ne répond pas ; ou ouvre la porte.... quel spectacle horrible, pour cette épouse et pour ces demoiselles ! Ce malheureux venait de se pendre !...

On jette des clameurs, on crie au secours... personne...! mais Dieu, pour récompenser la charité de ces deux jeunes filles leur donna ainsi qu'à la malheureuse épouse, tout le sang-froid, toute la présence d'esprit qu'eussent pu avoir des hommes de la plus grande sagacité ; elles lui remirent aussitôt la chaise fatale sous les pieds, le dépendirent, et ce malheureux, revenant à lui, a raconté que, quoique pendu, n'ayant poussé la chaise qu'au moment où ces deux demoiselles présentaient les 40 francs, il avait tout entendu et que son désespoir s'était aussitôt changé en repentir.

Malgré les promesses qu'avaient faites les bonnes demoiselles de ne parler de cela à personne, elles ne purent s'empêcher de tout raconter chez elles.

Cette scène étant bientôt connue de toute la ville, la voisine ne manqua pas de dire que c'était à la charité de ces demoiselles que son pauvre époux était redevable de la vie ; chacun s'attendrit sur le sort de cet homme qu'on savait brave et honnête ; on admirait le bon cœur et le courage des deux jeunes filles ; on enviait le bonheur des époux dont les enfants avaient si bien profité des instructions paternelles ;

Pensez-y donc :

Un malheureux qui serait mort dans le désespoir et qui a pu se repentir ! une pauvre famille secourue à temps ! de jeunes filles devenues l'honneur de leur sexe et l'objet de la vénération publique ! voilà ce qu'a produit une aumône faite à propos, aussi profitable à ceux qui l'ont donnée qu'à ceux qui l'ont reçue.

Que cela apprenne à ne jamais balancer un instant lorsqu'on peut faire une bonne action ; si vous avez beaucoup, que vos largesses soient abondantes ; si vous avez peu, partagez votre morceau de pain avec celui qui a faim, sans vous inquiéter de quel pays, de quelle religion est celui qui est dans le besoin ; la charité chrétienne est universelle.

Je vous apprends, mes enfants, des vérités qu'on pourrait quelquefois croire difficiles à être mises en pratique, mais les difficultés s'aplanissent quand on a de la charité ; d'ailleurs le ciel ne s'obtient que par de constants efforts ; et puis, cette charité n'est-elle pas sœur de l'espérance ? n'est-elle pas la clef des célestes trésors ? et les divines promesses faites aux âmes charitables ne suffisent-elles pas pour provoquer et entretenir en nous cette sublime vertu ?

Quelles bénédictions a méritées celle dont on peut dire : Elle était la mère des pauvres ! *Ce malheureux serait mort de froid pendant cet hiver sans cette dame charitable ; un autre eut péri de la cruelle maladie dont il était atteint, si cette vertueuse personne n'eut pas pris soin de lui.*

Si vous n'avez pas de propension à la charité, faites-vous violence et donnez, fut-ce à contre-cœur ; écoutez :

Un jeune libertin, consommé de débauche, avait perdu ou dépensé tout son argent au jeu ou dans des maisons honteuses : retournant chez lui, fort en colère et de mauvaise humeur, il acheta un pain avec les dix sous qui lui restaient ; chemin faisant, il fut suivi par un pauvre qui lui demanda l'aumône ;

— Je n'ai rien à te donner, va-t-en !

— Pour l'amour de Dieu, s'il vous plaît, donnez-moi un morceau de votre pain ; j'ai si faim ! il y a passé vingt heures que je n'ai mangé.

— Va-t-en !

— Si peu que ce soit, Monsieur, je meurs de faim.

— Tiens, lui dit brusquement ce jeune homme, en lui jetant son pain comme à un chien ; mange, puisque tu as si faim, je m'en passerai.

De retour chez lui et plein de boisson, notre libertin se coucha et ne tarda pas à s'endormir ; aussitôt d'affreux songes le tourmentèrent ; mille idées sinistres s'emparèrent de lui ; il se crut mort et cité au tribunal de l'Eternel ; se croyant réellement en présence de ce Grand-Juge, il lui semblait l'entendre lui dire : *Misérable, tu m'as méprisé ; je vais fouiller les plis et les replis de ton cœur*.

Ce malheureux frémissait en voyant ses crimes étalés à ses yeux et mis dans la balance de la Justice suprême : « *Où sont tes vertus, lui dit le Seigneur, pour contrebalancer toutes tes iniquités ?* » Il n'en avait aucune ; pâle et tremblant au moment où il croyait entendre l'arrêt de sa condamnation, il vit ce même pauvre, à qui il avait jeté, de si mauvaise grâce, son pain dans la rue, jeter ce même pain dans la fatale balance pour contrepeser ses crimes, et le pauvre disparut aussitôt ; mais quel fut son étonnement de voir ce pain établir l'équilibre avec ses turpitudes, et le Grand-Juge lui sourire.....

Ce jeune homme se réveilla aussitôt en sursaut et, tout tremblant, tout pénétré de la leçon de son rêve, promit de changer de vie et de ne plus rebuter aucun pauvre.

Ceci est un songe, me direz-vous ; vous avez raison, mes enfants ; mais c'est ce pain donné, quoique de mauvaise humeur, à ce pauvre, qui a produit ce songe à ce jeune homme, et c'est ce songe qui lui a valu son retour à la vertu. (1)

Vous me direz encore qu'on n'a pas toujours le moyen de faire l'aumône, lorsqu'on doit pourvoir aux besoins de sa famille.

Je réponds : on trouve toujours des ressources en se privant de temps en temps de plaisirs coûteux, en donnant un repas plus modeste ; les femmes, en employant leurs loisirs à quelques distractions de couture ou de tricot pour les malheureux qui manquent de vêtements ou de chaussures ;

Quand vous aurez agi ainsi, sondez votre cœur à la fin du jour et vous sentirez dans quelle situation vous vous trouverez, plus heureuse que celle où votre âme se trouve à la suite d'une fête mondaine.

N'allez pas croire, mes enfants que je condamne les divertissements ; au contraire, il y a des jours et des heures de repos où les divertissements honnêtes sont, non-seulement permis mais nécessaires ; n'a-t-on pas la chasse, les promenades, les jeux de bonne société, la musique, tous plaisirs auxquels l'homme peut se livrer, même en se sanctifiant ?

Quant à la lecture, prenez-y bien garde ; un seul mauvais livre peut imprimer dans l'âme un caractère de dépravation qui conduit presque toujours à une corruption totale des mœurs ; ne recevez donc pas de livres de tout le monde ; si vous cherchez d'agréables distractions, lisez

---

(1) J'ai trouvé cette scène de charité, ainsi que la précédente, dans de vieux écrits ; elles m'ont paru si intéressantes, si édifiantes, que je n'ai pas cru pouvoir me dispenser de les reproduire.

de temps en temps des livres d'histoire de bons et estimés auteurs, qui laisseront dans votre mémoire de patriotiques souvenirs et de fructueux enseignements.

Après la lecture, il est un autre divertissement que la jeunesse aime naturellement. c'est la danse.

La danse est un plaisir permis, lorsqu'on la considère comme exercice corporel au sein d'une compagnie honnête et bien composée ; mais cette récréation, lorsqu'elle est prise avec frénésie et surtout à des heures indues et en l'absence des parents, peut devenir un fléau de société, l'école du libertinage, l'écueil des mœurs ; j'ajoute que la fréquence immodérée de la danse, même dans les sociétés les plus recommandables, occasionne chez une infinité de jeunes filles, outre les secousses que la santé peut en ressentir, un goût de luxe qui devient parfois ruineux pour beaucoup de familles ; on fréquente des amies plus riches que soi et on veut les égaler en nouveautés ; on ne s'arrête bientôt plus et la vertu finit souvent par échouer !

Que de désordres, que d'opprobres et de scandales peuvent naître d'un perfide entretien avec un agréable débauché !!!

Je viens de vous parler de luxe, mes enfants ; à ce propos, je vous dirai : ne soyez pas esclaves de la mode ; ne vous parez que selon vos moyens ; que vos dépenses de toilette ne soient jamais faites aux dépens du nécessaire de votre table ; en deux mots : tenez à une propreté rigoureuse en vêtements, modestes plutôt qu'élégants, à un ameublement confortable plutôt que luxueux.

Obéissez aux lois, mes amis, obéissez à l'autorité, et cela vous sera d'autant plus facile que vous serez restés soumis et fidèles aux prescriptions édictées dans le quatrième commandement de Dieu ; remplissez exactement vos devoirs de citoyens et n'y apportez pas de mauvais vouloir ; souvenez-vous, et vous vous en convaincrez souvent, que ce qui paraît, à première vue, nuisible en politique — comme aussi dans les autres circonstances de la vie — cache quelquefois des résultats satisfaisants qu'on ne prévoyait pas ; au surplus, je le répète, soumission complète à la volonté du Tout-Puissant, sur les conséquences de vos actions, entreprises avec conviction et amour du bien.

Si l'on jette sur vos actions un blâme que vous n'avez pas mérité, ou si l'on vous accuse de fautes imaginaires, attendez que le temps fasse justice de ces critiques et n'en prenez pas humeur ; ce sont autant d'épreuves qu'il faut subir ; plaignez vos détracteurs et ne les imitez pas ; vous conserverez ainsi un avantage que vous devrez à votre courageuse prudence ; on gagne toujours à rendre le bien pour le mal ; au surplus, en supportant les injustices, consolez-vous en pensant que le vrai malheur est d'en faire.

N'intervenez pas dans les querelles d'autrui, à moins qu'on n'y réclame votre médiation, et jouez-y le rôle de conciliateur.

Si vous adressez des reproches, quoique mérités, à un inférieur, n'allez pas jusqu'à compromettre votre dignité, et à avoir vous-mêmes des torts et des emportements que vous ne souffrez pas chez les autres ; évitez d'ailleurs d'en venir à ces reproches, lorsque vous vous sentez de mauvaise humeur ; et que cette mauvaise humeur surtout ne s'étende jamais sur ceux qui ne l'ont pas provoquée.

Je vous ai déjà entretenus, mes enfants, d'un certain nombre de devoirs à suivre dans vos rapports avec autrui ; laissez-moi continuer et vous parler maintenant du mariage :

Le mariage, dans l'ordre naturel, est une vocation innée chez tous les hommes ; c'est un acte sacré chez tous les peuples, même chez les barbares et les sauvages.

D'un bon ou mauvais choix en mariage, dépend le

bonheur ou le malheur des familles ; c'est pourquoi, mon fils, lorsque vous serez majeur et que vous posséderez un état ou une situation suffisante pour nourrir et élever convenablement une famille, cherchez, sans vous laisser dominer principalement par l'intérêt, cherchez une compagne qui soit honnête et vertueuse et ayez à cet effet toujours recours à l'auteur de toutes lumières et aux conseils de vos parents, qui ont acquis l'expérience des choses de la vie, qui ne vous tromperont pas, et qui n'auront, au contraire, d'autre désir que celui de vous procurer un avenir heureux.

Mais ne manquez pas de réfléchir mûrement et préalablement sur le choix d'un état.

Lorsque vous aurez fait ce choix, d'accord avec l'inspiration que Dieu vous aura révélée et que vous serez entré dans la carrière résolument et avec les vertus qu'elle exige et qui l'ennobliront, oh alors, mariez-vous aussitôt que les circonstances et les convenances vous le permettront, et, dès ce moment, consacrez-vous entièrement aux intérêts de votre ménage ; commencez par être très-modeste dans vos goûts ; économisez autant que vous le pourrez, et n'élargissez votre budget que lorsque, soit par des ressources acquises par le travail, soit par des héritages que vous laisseront vos parents, vous aurez un avoir qui vous permettra de vous donner un certain confortable, sans nuire bien entendu à l'établissement de votre lignée ; faites surtout amas de vertus que vous donnerez en exemple à votre maison ; vous devez être le point de mire au foyer domestique, et il est rare qu'on n'imite pas un chef qui n'autorise aucun écart de conduite.

Aimez votre épouse comme vous-même et ne déméritez jamais à ses yeux ; que tout en vous lui donne une haute idée de votre bon sens et qu'elle puisse en tout temps se glorifier d'être votre compagne ; n'oubliez jamais que l'amour véritable est toujours proportionné à l'estime.

Ne la brusquez et ne l'humiliez jamais ; si elle a des défauts, supportez-les avec douceur, comme elle doit supporter les vôtres ; qu'elle soit maîtresse dans son ménage, comme vous devez rester maître dans votre maison ; pas de principe plus salutaire que celui de la séparation des pouvoirs ; en cas de légères discussions, inévitables entre vous et votre épouse, cherchez à pénétrer ses vues, le mobile qui la fait agir et si vous acquérez la certitude que, tout en se trompant, mais agissant avec sincérité, votre femme a la persuasion de ne pas avoir tort, cédez pour le moment et attendez que ses illusions se dissipent, ce qui arrivera bien vite, si elle a pu rester charmée de votre charitable modération ; dans tous les cas, ne rendez jamais vos voisins, pas même vos enfants, témoins de vos altercations.

Faites choix de bons mais peu nombreux amis et que le démon de la jalousie n'entre jamais dans votre âme.

Soyez fidèle époux et que tous vos loisirs soient principalement consacrés à votre famille.

Quant à vous, ma fille, considérez ce que je viens de dire comme vous concernant en partie ; la conscience et la religion ne passent rien de plus à un jeune homme qu'à une jeune fille ; cependant la société et l'usage l'absolvent de certaines libertés, de certains petits écarts, que la morale réprouve toutefois ; mais cette même société est inexorable envers le sexe et lui fait un crime de la moindre faute, même de donner lieu à un soupçon ; aussi une demoiselle, qui se laisse courtiser, doit toujours être d'une circonspection exemplaire, et ne prêter à aucun commérage du public, toujours disposé à rire des petites chroniques scandaleuses, et souvent à en inventer ; vos amies peut-être ne seraient pas éloignées d'écouter avec complaisance les calomnies qu'on lancerait contre vous et de les propager.... en secret bien entendu !

Ne vous attachez à un jeune homme, qui aspire à votre main, qu'autant qu'il soit reconnu pour avoir de bonnes mœurs et des principes religieux, et qu'il soit agréé par vos parents ; qu'autant qu'il ait en perspective une profession ou un emploi qui le sauve du désœuvrement ; n'écoutez pas beaucoup plus riche que vous, ni d'un rang au-dessus du vôtre.

Mariée, aimez tendrement votre mari ; que votre plus grande joie se trouve dans votre ménage et au milieu des vôtres, sans renoncer toutefois aux plaisirs du monde que la bienséance approuve ; jamais de reproches injustes à votre mari, même lorsqu'il pourrait les mériter ; laissez toujours un certain intervalle entre la faute et la critique ; que cette critique d'ailleurs soit toujours calme, affectueuse, bien réfléchie et surtout peu prolongée.

Point d'amis par trop familiers dans votre maison ; rendez votre intérieur agréable à votre mari, de sorte que votre foyer ne devienne pas son pis-aller, mais qu'il s'y trouve plus heureux qu'ailleurs.

Nourrissez autant que possible, vos enfants vous-même.

En surveillant vos enfants, que vous aurez toujours ou le plus souvent sous les yeux, accoutumez-les à n'avoir peur ni terreur de rien, si ce n'est, bien entendu, du feu, du bord de l'eau et d'animaux nuisibles ; soyez sévère sur l'obéissance qu'ils vous doivent, quelque jeunes qu'ils soient ; ne souffrez ni trépignements, ni colère, mais ne les corrigez pas trop vivement ; surtout pas de ces coups qui les abrutissent sans les rendre meilleurs ; soyez enfin ferme et toujours juste à leur égard et élevez-les sans mollesse.

Si votre mari commet quelques fautes, j'insiste de nouveau sur ce point, ramenez-le au sentiment du devoir par la douceur et la patience ; opposez vos vertus à ses déréglements ; ne l'irritez surtout pas, s'il se trouve en état d'ivresse et ne vous découragez jamais ; voyant l'odieux de sa conduite, redoutez d'imiter ses écarts et ayez confiance en Dieu ;

Pénétrez-vous bien de cette vérité que, si un mari débauché est une cause de ruine matérielle et morale pour sa famille, une femme dissolue la déshonore toujours ; d'ailleurs un homme, qui a un fond de religion et qui a reçu une bonne éducation première, revient presque toujours de ses égarements, lorsqu'il a une femme vertueuse et prudente, attentive surtout à ne jamais prendre impérieusement les rênes du pouvoir domestique.

Si votre goût, mes enfants, vous faisait préférer le célibat au mariage, acceptez cette condition où il est encore possible de faire le bien ; n'oubliez pas toutefois que la situation d'un célibataire est moins honorable que celle qui résulte de la qualité d'époux.

Si les circonstances vous chargent d'une tutelle officieuse, remplissez-en les fonctions avec assiduité et conscience, en vous considérant alors comme chef de famille et en mettant à profit les conseils donnés dans les pages précédentes. — Quelle que soit enfin votre condition, vivez en bons chrétiens et ne donnez lieu, par votre conduite, à aucun soupçon d'immoralité découlant assez naturellement de ce qu'on est convenu d'appeler une fausse position.

Entretenons-nous maintenant, mes amis, et d'une manière plus particulière, des relations d'amitié et d'attachement qui doivent nécessairement exister entre les membres d'une même famille, si l'on veut jouir du plus grand bonheur que Dieu réserve à ses privilégiés sur la terre, comme précurseur des joies éternelles : *le Bonheur domestique*.

Qu'on est heureux en communauté, lorsque père, mère et enfants sont unis par une tendresse et un amour réciproques ! Tout y est mesuré et accepté, je ne dis pas seulement sans le moindre murmure, mais encore avec contentement de cœur ; les parents connaissent leurs obligations envers leurs enfants et ceux-ci ne considèrent pas l'obéissance comme un joug ; vivez donc toujours unis ; persuadez-vous bien qu'il n'y a aucune bonne raison de rompre l'amitié fraternelle, et qu'il faut savoir au besoin sacrifier quelque chose à ce suprême intérêt.

Vous me ferez remarquer que, dans le sein des familles, entrent nécessairement des éléments étrangers, et qu'alors l'union si bien cimentée antérieurement, peut rencontrer quelquefois des germes dissolvants et ne plus présenter les mêmes satisfactions ; ceci est possible ; mais les soins qu'ont pris les parents de ne conseiller à leurs enfants que des alliances convenables, l'expérience qu'ils ont acquise et qui les amène à éloigner soigneusement tous sujets de controverse, à excuser certaines velléités d'indépendance, à faire la part des caractères et des tempéraments, plus ou moins ardents et prononcés, tous ces actes de prudence, bien raisonnés chez les grands parents, peuvent presque toujours, en l'absence, bien entendu, de toutes paroles de récrimination, maintenir un équilibre relativement satisfaisant.

Un père, si sa conduite est digne, sagement réglée à l'égard de ses enfants, trouvera toujours ceux-ci disposés à s'effacer devant lui ; un gendre, d'un certain âge et lui-même père de famille, se pliera difficilement à cette espèce de condescendance ; aussi ne l'exigez pas.

Un beau-père doit, pour ainsi-dire, forcer son gendre à lui rendre intérieurement justice et à lui savoir gré de ses bonnes dispositions, de sa sage modération ; il ne doit jamais provoquer avec lui de luttes et de discussions sérieuses.

Permis à une belle-mère de faire au mari de sa fille certaines réflexions qui, quoique quelquefois piquantes mais adressées à un homme sensé, tireront rarement à conséquence ; mais elle doit s'en abstenir à l'égard d'une belle-fille qui ne les accepterait pas aussi bénévolement, aussi patiemment ; deux personnes du sexe, plus impressionnables que nous, et naturellement moins réfléchies, moins contenues, sont souvent disposées à s'irriter ; qu'on n'en fasse pas naître l'occasion.

Quoiqu'il en soit, estimez-vous heureux, mes enfants, si vos gendres et vos belles-filles, bien élevés d'ailleurs et ayant conservé les traces d'une bonne éducation, savent trouver leurs jouissances au foyer de la famille, entretiennent avec vous des rapports toujours courtois, suivent les bonnes traditions que vous leur avez laissées et n'ont d'autres imperfections à votre égard qu'une attitude parfois quelque peu indépendante.

Cherchez toujours dans les alliances que vous laisserez contracter à vos enfants, à arriver, autant que possible, à ce résultat que la situation de fortune de chacun soit en rapport avec celle des autres membres de la famille ; vous faites taire ainsi tout sentiment d'envie et de comparaison fâcheuse ; la concorde, l'entente sera plus facile, et l'intimité plus constante ; que cette intimité ne soit d'ailleurs jamais troublée par des paroles, un ton ou des gestes malséants ; si la vivacité de votre caractère vous portait naturellement à ces sorties regrettables, faites-vous cette seule réflexion intérieure, pour vous en corriger : *Mais que dirai-je, que penserai-je, si l'on employait à mon égard de semblables procédés ?*

Evitez la susceptibilité qui, en vous rendant malheureux, fait le tourment des autres ; si vous rencontrez ce défaut chez l'un de vos proches, plaignez-le ; essayez toutefois de le ramener par la persuasion la plus douce et la plus conciliante, à des sentiments plus raisonnables ; si ce manque de bienséance est invétéré chez des personnes que vous avez l'habitude de visiter, cessez tout commerce avec elles, pour ne pas arriver à une brouillerie qui ne pourrait tarder à se produire.

Prenez l'habitude de faire à propos de petits cadeaux à vos enfants ; on a bien des fois répété qu'ils entretiennent l'amitié ; rien n'est plus vrai ; vous ferez ainsi, je ne dis pas naître, mais corroborer, fortifier leur attachement envers vous ; l'amour filial n'a pas le même caractère de puissance et de solidité que la tendresse paternelle, aussi faut-il l'intéresser par quelques gracieusetés, comme on arrose un jardin pour le rendre fertile et productif ; et d'ailleurs les aspirations concordantes du troupeau continueront à s'accentuer lorsque le chef ou berger de ce troupeau inspirera confiance et affection.

Que cette tendresse paternelle s'étende également sur tous les enfants et qu'il n'y ait pas de préférence marquée pour l'un deux ; si cette prédilection existait intérieurement, qu'on cherche bien vite à l'équilibrer au profit de tous par des efforts raisonnés, des paroles mesurées et de petits souvenirs matériels judicieusement répartis.

Parlons un peu maintenant de ce que nous devons plus particulièrement à nous-mêmes :

Ne soyons pas envieux, à moins que ce ne soit des qualités morales d'autrui ; celui qui se laisse dominer par l'envie perd sa part de félicité sur la terre.

N'ayons pas de désirs immodérés ; ils sont la source de déceptions toujours pénibles et de sacrifices vains et inutiles ; il y a longtemps qu'on a dit que les désirs et le bonheur ne peuvent se trouver ensemble.

L'homme modeste sait mesurer ses dépenses et les proportionne à ses revenus, en laissant toujours un certain écart au profit de sa tirelire ; il n'éprouve jamais, de la sorte, de mécomptes pécuniaires et marche, au point de vue de l'état d'aisance, de pair avec les plus opulents à qui il n'emprunte ni les soucis ni le goût des convoitises dispendieuses, ruineuses et parfois avilisantes.

L'homme au surplus n'est vraiment heureux qu'au sein d'une fortune médiocre.

N'amassez que pour la posséder pour vous et les vôtres, et n'allez pas au-delà ; vous serez toujours assez riches, si vous donnez pour compagnie à cette modeste aisance les vertus qui en régleront le judicieux usage, et qui maintiendront la considération, l'ordre et l'harmonie dans votre maison.

Abstenez-vous, par prudence, de dire tout ce que vous pensez, mais pensez ce que vous dites ; soyez donc toujours véridiques, sans aller toutefois jusqu'à certains excès de franchise qui pourraient friser l'indécence ou l'injure.

Si vous avez des dispositions naturelles à l'orgueil, à l'emportement, à l'intempérance et autres défauts semblables, soyez toujours en éveil sur vos actions, pour résister à ces penchants insociables ; et, si vous le voulez bien, vous ne manquerez pas de remporter bientôt la plus belle des victoires, victoire sur vous-mêmes, victoire dont le butin aidera puissamment à vous enrichir de l'estime et de la considération publique et qui vous donnera cette sérénité de l'âme, si précieuse, si salutaire à tout homme, mais surtout à l'homme retiré du tourbillon des affaires.

Ceci est pour le côté moral, pour le bon côté de votre existence ; mais pensez aussi qu'il vous restera quelques moments de loisirs à occuper, lorsque vous arriverez à cet âge avancé où les distractions du monde vous manqueront, et qu'alors vous pourriez bien, si vous ne vous y êtes préparés, ne pas savoir assez vous suffire ; créez-vous donc aussi des ressources récréatives pour l'avenir.

Tant que vos facultés, votre vue et vos forces physiques ne vous feront pas défaut, n'abandonnez pas tout à fait les diverses branches de vos exercices habituels ; si vous aimez le jardinage, continuez de demander à la terre des distractions qui vous amuseront d'autant plus que votre vie passée ne vous aura suscité aucun remords et ne vous rappellera que d'agréables souvenirs ; si vous aimez l'étude, plaisez-vous à résumer de temps en temps les observations que vous aurez eu l'occasion de faire pendant le cours de votre vie ; il vous intéressera de les reproduire sur le papier, ne fut-ce que pour votre propre satisfaction ; ce sera un délicieux passe-temps, une jouissance intellectuelle qui vous charmera sans vous fatiguer ; je vous engage aussi à ne jamais négliger l'usage si salutaire des jeux de société en famille, cartes, dominos, billard, échecs, etc. ; ces jeux, de courte durée, vous procureront des moments de gracieux délassements nécessaires à votre santé, et, tout en vous rendant agréables à votre entourage, vous aideront à éviter l'ennui et la somnolence.

Ne vous plaignez jamais, et d'une manière absolue, de votre état de souffrance ou de mauvaise fortune, et ne vous découragez point ; n'oubliez pas qu'il y a toujours, à côté de vous, des misères plus grandes et plus accentuées ; vous grossissez d'ailleurs, et le plus souvent, les maux qui vous atteignent, parce que vous regardez, au-dessus de vous, les plus privilégiés de la nature et des biens temporels ; jetez les yeux en bas et vous ne perdrez pas courage.

Je vous recommande particulièrement de ne jamais prendre de résolution prompte et décisive, à moins qu'il n'y ait urgence ; remettez au lendemain avant d'arrêter vos projets de quelqu'importance ; dans une discussion vive et sérieuse, ne perdez pas votre avantage par une riposte irritante ; conservez au contraire le calme, qui est presque toujours un moyen de réussite.

Après vous avoir, mes enfants, donné des conseils puisés dans un cœur ami et désireux de votre bonheur, faites-en usage à votre tour au profit de ceux qui voudront bien vous écouter ;

Dites surtout aux pauvres, envers qui vous aurez exercé la charité, qu'ils doivent, de leur côté, remplir le même office vis-à-vis de leurs semblables et que, s'il ne leur est pas permis de les soulager avec de l'argent ou des objets matériels qu'ils ne possèdent pas, ils ont au moins et toujours la faculté de leur donner certains secours qui les aideront à s'améliorer, à se sauver, et qui dès lors ont bien leur valeur ; je veux parler : de bons exemples de patience et de résignation, des exemples de tempérance, d'ordre et de fidélité au devoir ; n'est-ce pas accomplir, en semblable circonstance, acte de charité envers des frères nécessiteux que de les amener ainsi à préférer la société de famille à celle de gens qui n'ont plus l'amour du foyer, comme aussi à profiter de l'institution des caisses d'épargne pour s'assurer un petit pécule qui en progressant, même par des mises de dix centimes seulement par jour, ce qui peut toujours se faire, leur assurera une ressource pour des besoins urgents et imprévus, et régularisera forcément leur conduite, etc.

Oui, un ouvrier, quoique pauvre, peut toujours faire l'aumône à d'autres pauvres comme lui, en leur offrant une bonne et honnête action à imiter et à utiliser à leur profit.

———

Je me suis permis, mes enfants, de vous tracer quelques précautions à prendre pour parcourir, le plus sûrement possible, les différents sentiers de la vie, la plupart hérissés d'épines et de piéges ; je n'ai pas prévu, bien entendu, toutes les embûches qui vous seront tendues, tous les obstacles que vous aurez à vraincre pour arriver, sans encombre, au terme de votre voyage ; pour les éviter, marchez toujours unis entre vous, munis des armes de défense et de protection que je vous mets entre les mains ; soyez toujours disciplinés en laissant le commandement de la marche à qui de droit et écoutant avec attention le mot d'ordre que vous transmettront vos chefs naturels ou d'adoption.

Perpétuez dans votre descendance, surtout par l'exemple, ces règles de bonne conduite ; en les pratiquant vous conserverez une grande tranquillité d'âme ; vous édifierez ceux qui vous entourent et vous aurez la grande satisfaction, au moment de la séparation terrestre, inévitable mais moins à redouter, d'avoir accompli les lois de votre destinée et de pouvoir vous présenter devant le Grand-Juge avec quelqu'espoir d'être comptés au nombre de ses ÉLUS, au nombre de ceux qui auront été sur la terre des hommes de bonne volonté.

Je vous ai tous bien aimés, mes chers enfants, gardez de moi un pieux souvenir.

L. DELHAYE.

TROISIÈME PARTIE

Suite et fin de mes petits écrits.

Huit années se sont écoulées depuis que j'ai, dans *mes Confidences*, reproduit les heureux événements de ma vie.

Pendant ces nouvelles années que Dieu a daigné m'accorder, j'ai pu :

1° Retracer, dans deux volumes, in-8°, les faits et événements historiques que j'ai pu recueillir sur Bavay, ma ville natale, et sur la contrée qui l'environne ; ouvrages dont j'ai fait hommage et don à mes amis et aux dépôts publics et qui m'ont valu deux médailles en argent aux concours de la société des sciences de Lille, en 1869 et en 1873 ; 2° réunir et offrir à la méditation de mes enfants certains conseils, certaines maximes propres à leur servir de règle de conduite.

J'attendais, pour compléter mon œuvre, par le récit de nouveaux faits postérieurs à ces écrits, qu'il fut permis à ma femme et à moi, après avoir atteint le terme peu éloigné de nos cinquante années d'union conjugale, de nous présenter devant les autels pour remercier solennellement la divine Providence des faveurs constantes dont elle avait été si prodigue envers nous ; mais cette satisfaction, sur laquelle nous étions si heureux de compter et qui toutefois si rarement obtenue, ne nous est pas venue, ma chère compagne ayant terminé sa carrière ici-bas le 18 décembre 1875 et ayant été enlevée à mes affections, après 48 années de mariage, passées toujours ensemble et pour ainsi dire en tête à tête.

Malgré l'immense douleur que cette séparation m'a causé et qui a brisé toutes mes facultés, je dois accepter sans murmurer ma nouvelle situation morale, adoucie toutefois par le souvenir des belles qualités de cœur et d'esprit de ma digne et fidèle épouse, et je l'accepte avec résignation et soumission chrétienne, ne voulant pas oublier que Dieu a continué à protéger ma famille par de nouveaux bienfaits, entr'autres :

1° Le mariage, on ne peut plus convenable, de ma petite-fille Anna Gravis, avec M. Charles Barbieux, de Saint-Amand-les-Eaux, et la naissance de deux enfants qui en sont issus et qui nous ont transmis le titre de bisaïeux.

2° Le mariage tout récent, avec M. Alfred Treca de Douay, de ma petite-fille Sophie Gravis ; mariage qui s'annonce aussi sous les meilleurs auspices.

3° Les belles et luxuriantes santés de mes deux autres petites-filles, Jenny Delhaye et Gabrielle Gravis, dont les dispositions naissantes me donnent les plus belles espérances et me présagent les plus douces consolations.

Je termine donc ici mes travaux, que je n'ose appeler littéraires et que je me sens d'ailleurs, depuis la douloureuse secousse que je viens d'éprouver et malgré l'encouragement que me donne M. le Ministre de l'Instruction publique en me conférant le titre d'Officier d'Académie, que je me sens, dis-je, inhabile à continuer désormais, étant bien résolu à m'acheminer maintenant vers mes destinées futures, paisiblement et en dehors de toutes préoccupations étrangères à ma famille et à mes intérêts particuliers ; voulant consacrer mes derniers moments de loisirs à mes enfants, petits-enfants et arrière-petits-enfants, à quelques amis qui me restent, à la méditation et, autant qu'il me sera possible, aux soins que réclame la classe si intéressante des nécessiteux.

Que Dieu veuille bien me venir en aide et que *sa volonté soit faite*.

Février 1876.

Lucien DELHAYE

TABLE DES MATIÈRES

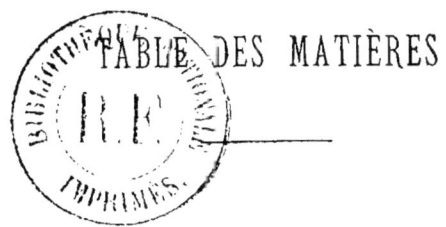

PREMIÈRE PARTIE

                                              Pages.

Mes Confidences 5

DEUXIÈME PARTIE

Conseils donnés par un Père à ses Enfants. 43

TROISIÈME PARTIE

Suite et fin de mes petits écrits 74

www.ingramcontent.com/pod-product-compliance
Lightning Source LLC
LaVergne TN
LVHW021000090426
835512LV00009B/1983